本成果受教育部人文社会科学研究一般项目（21YJC740078）、北京语言大学院级项目（中央高校基本科研业务费专项资金）（21YJ010204）、北京语言大学国际中文教育教改项目（重点项目）（GJGZ202318）资助。

国际中文教育语言测评理论与实践

张 军——著

中国出版集团

研究出版社

图书在版编目（CIP）数据

国际中文教育语言测评理论与实践 / 张军著. -- 北
京：研究出版社，2024.4
ISBN 978-7-5199-1656-5

Ⅰ.①国… Ⅱ.①张… Ⅲ.①对外汉语教学-教学评
估-研究 Ⅳ.①H195.3

中国国家版本馆CIP数据核字（2024）第059735号

出 品 人：陈建军
出版统筹：丁　波
责任编辑：安玉霞

国际中文教育语言测评理论与实践

GUOJI ZHONGWEN JIAOYU YUYAN CEPING LILUN YU SHIJIAN

张军　著

研究出版社 出版发行

（100006　北京市东城区灯市口大街100号华腾商务楼）

天津中印联印务有限公司　新华书店经销

2024年4月第1版　2024年4月第1次印刷

开本：710毫米×1000毫米　1/16　印张：10

字数：137千字

ISBN 978-7-5199-1656-5　定价：49.00元

电话（010）64217619　64217612（发行部）

致读者

亲爱的读者朋友：

您好！

非常感谢您翻开这本《国际中文教育语言测评理论与实践》。本书的创作源于笔者在国际中文教育领域多年从事语言测评理论探索与实践经验的总结。

在全球化的时代背景下，中文教育的地位和影响力不断提升，国际中文教育逐渐成为教育界的重要领域。语言测评是语言教学的重要环节，其科学性、有效性直接影响到教学效果和教学质量。因此，深化和完善国际中文教育中的语言测评理论与实践，对于提高教学质量，助力当前国际中文教育事业的发展，具有重要的意义。

本书分为上下两篇，上篇主要阐述汉语测评的理论与方法，下篇则以实际教学测评为例，详细介绍面向国际中文教学的测评实践。上篇系统地介绍了汉语语言测试中的几种新兴理论与方法，例如运用多维项目反应理论（Multidimensional Item Responses Theory, MIRT）和非参数型项目反应理论（Nonparametric Item Responses Theory, NIRT）对 HSK 语言能力结构进行探索性分析，通过对 HSK 的深入研究，揭示汉语语言能力的潜在维度结构，更加明确汉语学习的内在规律，为编制适合不同阶段的教学大纲提供理论支持；NIRT 方法也为小规模语言测试提供了新的思路，使语言测试的应用范围大大拓宽。而且，本篇从参数型与非参数型两种 IRT 模型的项目参数之比较、非参数型高斯核平滑法中的能力估值精度这两个主题深入研究了汉语测评的理论技术，为汉语测评提供了科学、准确的理论支持。

下篇则聚焦国际中文教学的特定场景，探讨了适用于这些场景的测评方法与实践。首先介绍了课程测验项目分析方法，为教师在教学中进行科学、有效的测评提供了实用的方法。其次,本书对初级汉语口语评价标准进行了研究,提出了一套科学、合理的初级汉语口语评价标准。再次,本书提出了一种初级汉语听说课测验新模式,为提高听说课的教学效果提供了新的思路。从次,本书对来华留学预科生汉语听记能力进行了测评,为预科生的汉语教学提供重要的参考。最后,书中介绍了基于非参数型项目反应理论的课程测验群体诊断分析方法。此方法可帮助教师科学地掌握学生群体的学习情况和习得效果,以改进后续教育措施,给学生提供个性化的诊断建议,促进国际中文教学和学习水平的提高。

本书的编写旨在通过对国际中文教育中的语言测评理论与实践的研究,为中文教育工作者提供一种更科学、更有效的语言测评理念和方法,以更好地促进中文的国际传播。我们期望本书能够为国际中文教育的发展做出贡献,同时也希望能够引起更多的学者和教育工作者对于国际中文教育测评领域的关注和研究。

语言测评是一个复杂的系统工程,需要语言学、教育学、统计学、心理学等多学科的支持,也需要理论与实践的紧密结合。语言测评也是一个快速发展的领域,本书难免有疏漏之处,恳请读者不吝赐教。我们衷心希望这本书能成为您开展语言测评研究和实践的有益参考。

最后,我们要感谢所有为本书的编写和出版做出贡献的人员,特别是参与研究和实践的教师和学生们。没有他们的支持和努力,本书的完成将是不可能的。愿本书能够取得良好的反响,成为汉语测评领域的重要参考资料,能够对中文教学和评估工作有所帮助,为中文教育事业的发展做出一份贡献。

张　军

2023 年深秋于北京

目录

上 篇

汉语测评之理论与方法

HSK语言能力结构的探索性分析[*]

——多维项目反应理论的应用

1 HSK构想效度研究现状

测验的构想效度是指测验背后理论的有效性（APA，1954）。Messic（1995）提出内容分析、项目或任务的实验分析等6种收集效度证据的方法，其中维度分析就是其中最重要的一种，即研究测试的内部结构，检验反应数据的心理计量模型与构想理论的拟合程度。

HSK的研究者曾使用不同的方法，对其构想效度做了探索性或验证性的分析。张凯（1992）和陈宏（1997）使用了探索性因素分析，李慧、朱军梅（2004）使用的是验证性因素分析，郭树军（1995）用的是内部结构法。这些方法的共同点就是都以相关系数为分析基础，属于相关分析的范畴，有其自身的局限性。本文尝试使用补偿型多维项目反应理论（Compensatory Multidimensional Item Response Theory Model，CMRT）来探讨 HSK [初中等] 阅读部分的潜在维度空间问题，并结合对汉语阅读能力的分析，对维度代表的心理实质进行大胆的推测。

---

[*] 原文载于《考试研究》2011年第6期。

2 多维项目反应理论模型（MIRT）

目前 MIRT 主要用来验证测验的构想，即项目的构想可由拟合数据的 MIRT 模型来说明（Embretson & Reise，2000）。本文使用 Reckase（1985）提出的双参数逻辑斯蒂 CMIRT 模型，为了便于说明这种 CMIRT 模型，下面采用更具一般性的表示: $\alpha_i = (\alpha_{i1}, \alpha_{i2}\cdots\cdots, \alpha_{im}); \theta_s = (\theta_{s1}, \theta_{s2}\cdots\cdots, \theta_{sm})$，$m$（维度数）=1，2，……，$M$；

$$P(X_{is} = 1|\theta_s, d_i, \alpha_i) = \frac{\exp\left(\sum_m \alpha_{im}\theta_{sm} + d_i\right)}{1 + \exp\left(\sum_m \alpha_{im}\theta_{sm} + d_i\right)}$$

X_{is} = 被试 s 在项目 i 上的反应（0 或 1）

θ_s = 被试 s 的能力向量

θ_{sm} = 被试 s 在维度 m 上的能力参数

d_i = 项目 i 的难度值

α_i = 项目 i 在每个维度上的区分度向量

α_{im} = 项目 i 在维度 m 上的区分度

3 实验研究

3.1 目的

采用 CMIRT 模型，探索性地分析 HSK 阅读部分的潜在维度结构。通过比较维度数从二到六这五个模型，看几维模型更拟合数据。

3.2 对象

从在复旦大学、南开大学、外企等 11 个国内考点，参加 2005 年 12 月

HSK［初中等］考试的 12098 名被试中随机抽取 4924 人。被试总体的平均分为 100.0 分，标准差为 33.714，呈正态分布。为保证样本对总体的代表性，根据正态分布规律，实验依据被试的试卷总分分层抽样。被试样本平均数为 98.8，标准差为 31.33，经 T 检验后样本平均数与总体平均数无显著差异，P>0.05。

3.3　材料

HSK［初中等］正式试卷的阅读题部分，试卷代码为 M05N09X，从第 81 题到第 130 题，共计 50 个题。每题采用 0/1 计分，即答对为 1 分，答错为 0 分。

3.4　参数估计方法

本研究使用联合极大似然估计法，采用 Visual Foxpro9.0 来编写程序：

第一步：预先给暂不估计的参数设置初值，以 0.01 为步长，将待估参数取值范围中所有的数值逐步代入函数，得到能使函数值最大的数值作为参数估计值。然后将已估参数的估计值和其他暂不估计的参数初值作为定值，如同第一步，继续估计第 2 个待估参数。

第二步：重复第一步，直至估计完所有待估参数。鉴于以往的估计经验，估计参数的顺序为：难度值、能力值 1、区分度 1、能力值 2、区分度 2……直至估计完所有待估参数，完成第一次迭代估计。

第三步：重复第一次迭代中的各步骤，完成第二次、第三次等多次迭代，直至得出符合收敛要求的参数值。实验采取的收敛要求为：（1）最后一次和它前一次的估计结果的相关系数达到 0.99 以上；（2）分别把最后两次参数值代入，求解所有被试对所有项目的反应的两次联合对数似然概率，二者间的差值小于 20，即两次的联合似然概率的差值小于 0.000000002。

3.5 拟合优度检验方法

研究主要采用项目间协方差相关矩阵、残差分析和卡方检验三种方法。第一种方法我们可根据 Reckase（1985）和 Segall（2000）的建议，用任意题目对的协方差的大小来推断观测数据与模型预测所得期望概率间的拟合程度。研究者经常采用残差分析与卡方检验检验单维 IRT 模型的拟合优度。在单维 IRT 的残差分析中，通常按照已估能力值把被试分成若干组。但 MIRT 中我们似乎不能单纯按其中某一维度的能力值分组，因为被试的能力由多个维度构成，无论以哪一个维度来给被试分组的做法都是较盲目的，都不能保证组内被试的同质性。

给被试分组实质上是一个分类问题。我们得到参数的估计值后，就能知道被试在潜在维度构成的多维空间中的位置，所以本研究在遵循有关检验思路的同时，对具体操作做了相应的灵活处理，在多维空间中按照几个维度的能力参数，对被试做聚类分析，从而达到分组的目的。

3.6 实验结果及检验分析

二、三、四、五和六维模型分别共有 9998、14972、19946、24920 和 29894 个参数，其部分项目难度和区分度参数分别见附表 1 和附表 2，能力参数见附表 3。

3.6.1 项目间协方差矩阵分析

本套试卷的阅读部分，共有 50 个题目，得到 1225 个协方差。CMIRT 模型从二维到六维的项目间协方差矩阵分别见附表 4。为方便直观判断，图形表示见图 1—图 5。

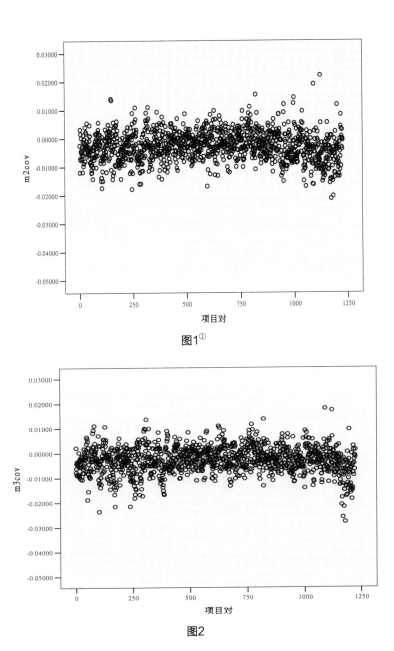

图1^①

图2

---

① 注：图1纵轴"m2cov"表示二维模型的协方差，以下各图中的"m3cov"等依据数字的不同，表示各模型的协方差。

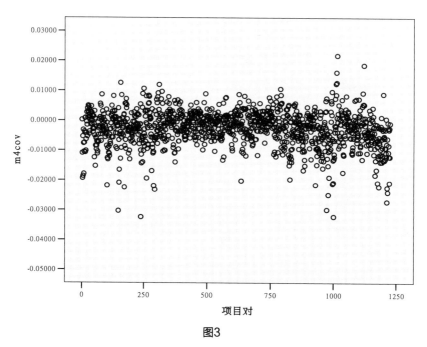

图3

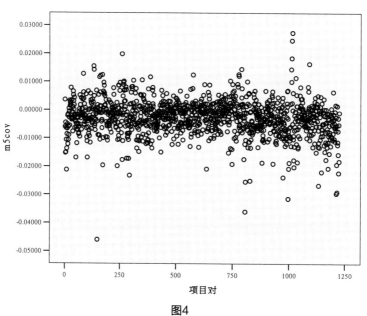

图4

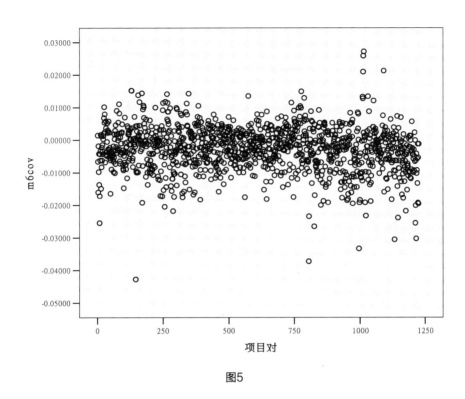

图5

　　从散点图看，二维和三维模型的协方差在0.00附近最集中，四维、六维模型依次次于二维模型，五维模型集中趋势最差。

　　协方差为0表示模型完全拟合数据，正负号表示模型拟合的期望数据与观测数据差异的方向，绝对值表示差异的程度。表1为各维模型协方差绝对值的相关统计量：

表1　协方差相关统计量

	个数	全距	最小值	最大值	总和	总和差值	平均数	平均数	标准差
m2cov	1225	0.02215	0	0.02215	5.71809	0.04797	0.004668	3.92E−05	0.003673
m3cov	1225	0.02787	0.00001	0.02788	5.76606	0.06907	0.004707	5.64E−05	0.003875

续表

	个数	全距	最小值	最大值	总和	总和差值	平均数	平均数	标准差
m4cov	1225	0.03235	0.00001	0.03236	5.83513	0.34707	0.004763	0.000283	0.004498
m5cov	1225	0.04595	0	0.04595	6.1822	0.60514	0.005047	0.000494	0.004752
m6cov	1225	0.04274	0	0.04274	6.78734		0.005541		0.005002

注："m2cov"表示二维模型协方差，"m3cov"等依此类推。

二、三、四、六和五维模型的项目对协方差的全距相继扩大，其中属五维模型的最大；各模型协方差绝对值的平均数和标准差表明二维模型的数据在 0.00 附近最集中。

平均数（或总和）差值为下一个模型协方差平均数（或总和）与模型协方差平均数（或总和）的差值，如 m3cov 的平均数（或总和）减 m2cov 的平均数（或总和），用以说明模型间的差异程度。从表 1 数据可看出，二维和三维模型相差很小，两模型与四、五和六维模型都相差较大。

可见二维模型和三维模型相对于其他模型来说，能较好地拟合数据。

3.6.2　残差分析及卡方值

经过参数估计，我们得到从二维到六维，共五个模型的能力估计值，也就是说我们分别可以在五个多维空间来刻画被试的位置。实验采用欧式距离平方（squared Euclidean distance）计算被试间的距离，通过组间连接（between-groups linkage）法，利用 SPSS13.0 对被试分层聚类，分类结果见附表 5。

被试在四、五、六维空间中的分类很稀疏，分别有 5 个、5 个和 8 个组的人数少于 10 人，而且也总有 1 个组的人数过多，在 4000 左右。前一种情况因为组内被试过少，带来很大随机抽样误差；后一种情况则因为人数过多，而减弱组内被试的同质性。为此，研究曾尝试给四、五和六维模型的被试重新分组，但即使分成50组，人数众多的那组的变化也不大；相反只使人数稀疏的组更稀疏。

得到若干被试组后，继而计算标准残差的绝对值和卡方值。在各模型中，项目标准残差绝对值在各个区间中所占比例见表2所示。

表2　标准残差各区间分布

模型		标准残差绝对值｜RS｜百分比			
		$0 \leqslant \mid RS \mid \leqslant 1$	$1 < \mid RS \mid \leqslant 2$	$2 < \mid RS \mid \leqslant 3$	$\mid RS \mid > 3$
CMIRT	二维	65.54	26.00	6.15	2.31
	三维	80.27	15.07	3.33	1.33
	三维	88.57	9.29	1.57	0.57
	五维	86.00	10.92	2.62	0.46
	六维	98.18	1.82	0.00	0.00

五个模型的卡方值为：

表3　模型卡方值

卡方值	CMIRT 模型				
	二维	三维	四维	五维	六维
χ^2	891.339	677.223	473.316	393.684	93.710

从表2可看出，标准残差绝对值在0和1之间的比率逐步增加，直至98.18%，其他各区间的比率则逐渐减少，但是五维模型呈现相反的趋势。可得出结论一：维度越高，模型的预测能力越强。

卡方值弥补了残差分析的不足，可从整体来考察模型的拟合情况。虽然这一统计量在侦测多维性上表现欠佳，但单从数值的大小来看，还可看出各模型对数据拟合程度的差异。据表3可得出结论二：维度数越多，卡方值越小，整体的拟合程度越好。

但结合前文考虑，这两个结论似乎不可靠。因为被试在四维、五维和六维空间中的分组较为稀疏，这就可能出现两种情况：①因人数少、随机误差大，使模型非常拟合，或者非常不拟合；②人数过多，甚至接近被试总的样本容量，因同质性差而失去分组检验的效果，使残差分析退化为从总体检测模型的偏差。因此在对四、五和六维模型的残差分析中呈现出与卡方值大致相同的变化趋势。鉴于在这两种检验中样本容量带来的局限性，本研究的模型检验标准主要以协方差分析为主，以残差分析和卡方值检验为辅。

根据协方差比较的结果，二维模型和三维模型都可接受，但是标准残差和卡方值分析表明，三维模型相较于二维模型，有更好的预测能力，其中前者在0—1之间的标准残差比后者多近15个百分点。因此三维模型是数据的最佳拟合模型。

3.6.3 模型潜在维度分析

为了考察三维模型中各维度对被试的区分情况及各维度间的关系，本研究进而做被试阅读总分这个充分统计量与各维度分数的相关分析。

表4 能力参数与阅读成绩的相关系数

		维度1	维度2	维度3	阅读成绩
维度1	皮尔逊相关系数	1	−0.304(**)	0.046(**)	0.777(**)
	显著性		0.000	0.001	0.000
	人数	4924	4924	4924	4924
维度2	皮尔逊相关系数	−0.304(**)	1	−0.025	0.169(**)
	显著性	0.000		0.084	0.000
	人数	4924	4924	4924	4924

续表

		维度 1	维度 2	维度 3	阅读成绩
维度 3	皮尔逊相关系数	0.046(**)	−0.025	1	0.374(**)
	显著性	0.001	0.084		0.000
	人数	4924	4924	4924	4924
阅读成绩	皮尔逊相关系数	0.777(**)	0.169(**)	0.374(**)	1
	显著性	0.000	0.000	0.000	
	人数	4924	4924	4924	4924

注：** 相关显著性为 0.01 水平（双尾）。

　　三个维度所代表的潜在能力与阅读总分都有显著相关，其中维度 1 与阅读成绩的相关系数最高，为 0.777，这种潜在能力能较好地区分被试，换句话说，维度 1 就是测验阅读部分主要测量的对象。与之相反，维度 2 与阅读总分的相关系数最低，为 0.169，其代表的能力虽与阅读部分有关，但并不是阅读部分题目的主要测量对象。维度 3 与阅读成绩的相关性为 0.374，是阅读部分测量到的另一个较为重要的能力对象。

　　三个维度虽都与阅读成绩保持显著的正相关，但三个维度彼此的相关性却迥然不同。维度 1 与维度 3 低正相关，仅 0.046，维度 1、维度 3 都与维度 2 具有显著负相关，尤其是维度 1 与维度 2，为−0.304。这说明影响被试作答的这三种能力不是单纯的正比关系。维度 3 与维度 1、维度 2 两种能力关系都不大，是较"独立"的能力。维度 1 与维度 2 呈明显的反比关系，维度 1 所代表的能力越高意味着维度 2 所代表的能力越低，但这并不能肯定两者具有因果关系，我们以此仅知两者具有相反的变化趋势。

　　在了解了维度空间及维度间关系的前提下，我们可以大胆推测"维度 1"应该是影响非汉语母语者阅读汉语的最主要能力，类似于一种"汉语理解能力"，包括对词句的理解、对篇章的理解等；"维度 2"对完成阅读任务亦有一定帮助，但相对很小，且与"维度 1"相反地变化，可能是一种"语境猜测能力"。因为"维度 1"代表的理解能力越高，完成阅读任务时越不需要通过语境猜测不懂的语句或字词。

由于"维度 3"和阅读总分有一定正相关，且与"汉语理解能力""语境猜测能力"较独立，所以其可能代表了"汉字认读能力"。"汉字认读能力"虽然对阅读理解、完成阅读任务有一个基础性的影响，但假设被试普遍具备了一定程度的"汉字认读能力"后，那它与"汉语理解能力"就不会有较高一致的共变关系，即在汉语阅读的低层次阶段，认读能力越高越有利于理解；在高层次阶段认读能力不会对理解造成较大障碍。在本研究中就表现出"维度 3"与阅读总分一定正相关，与"维度 1""维度 2"保持很低相关的这种情况。

4　结论

经过参数估计、模型检验与数据分析等步骤，本研究可得出以下结论：

（1）三维补偿模型是 M05N09 号试卷中阅读部分的最佳拟合模型，潜在空间是三维的。

（2）阅读部分的 50 个题以不同的敏感程度测量了三种能力。维度 1 是测验的主要测量对象，维度 3 是测验的另一个较重要的测量对象，维度 2 虽与测验有关，但未能较好区分被试。

（3）维度 3 与其他两个维度的相关程度很低，是较"独立"的能力。维度 1 与维度 2 两者所代表的能力呈一定的相反变化趋势，相关系数为-0.304。

5　研究困难与展望

在整个研究过程中，参数估计带来了很大困难。因为本研究选用的是从二到六维的 CMIRT 模型，涉及参数众多。其次，进行模型检验对被试分组时，四、五和六维模型的分组里有些组别中的被试非常稀疏，以致影响了模型检验的结果。这可能是因为被试量过少，而不能有效分组。所以还须进一步加大被试容量，采用效率更高的方法估计模型参数。

经过分析，实验虽较清楚地表明了阅读题的潜在维度空间的组织结构及维度间的关系，并据此大胆推测了"维度1""维度2""维度3"分别是"汉语理解能力""语境猜测能力""汉字认读能力"，但尚不能定论，还需后续的实证研究。在已知潜在维度空间结构与维度间关系的基础上，进一步确定各维度的实质内涵。

附表1　项目难度参数表

难度 d　维度数　题号	二维	三维	四维	五维	六维
81	1.17	1.25	1.55	1.86	1.90
82	1.85	2.13	2.12	2.10	2.12
83	1.29	1.49	1.51	1.47	1.47
84	0.40	0.51	0.60	0.80	0.86
85	0.56	0.54	0.58	0.63	0.66
86	−0.40	−0.44	−0.46	−0.42	−0.46
87	−0.04	0.18	0.35	0.29	0.27
88	−0.10	−0.10	−0.03	0.00	−0.01
89	0.15	0.18	0.28	0.38	0.39
90	1.11	1.11	1.15	1.18	1.20
91	0.34	0.33	0.36	0.39	0.42
92	0.02	0.04	0.05	0.07	0.07
93	0.64	0.56	0.60	0.64	0.66
94	−0.25	−0.25	−0.23	−0.21	−0.22
95	−0.45	−0.45	−0.39	−0.39	−0.41
96	−0.87	−0.87	−0.78	−0.75	−0.79
97	−0.74	−0.76	−0.70	−0.68	−0.68
98	−0.32	−0.32	−0.30	−0.29	−0.30
99	−0.99	−0.97	−0.91	−0.98	−0.99
100	−1.58	−1.60	−1.73	−2.01	−2.10

附表2 项目区分度参数表

题号	二维		三维			四维				五维					六维					
	α_1	α_2	α_1	α_2	α_3	α_1	α_2	α_3	α_4	α_1	α_2	α_3	α_4	α_5	α_1	α_2	α_3	α_4	α_5	α_6
81	1.47	0.61	1.48	0.60	2.29	2.01	0.74	2.18	0.00	2.22	0.72	1.96	0.00	3.00	2.31	0.76	1.94	0.05	3.00	0.02
82	2.18	0.70	3.00	1.08	0.10	3.00	1.10	0.89	2.00	3.00	1.16	1.33	2.03	0.30	3.00	1.19	1.33	1.98	0.51	0.67
83	2.21	0.49	3.00	0.88	0.40	3.00	0.91	1.12	1.72	3.00	0.99	1.52	1.86	0.11	3.00	1.01	1.50	1.81	0.26	1.46
84	1.05	0.72	1.07	0.76	3.00	1.51	1.04	3.00	0.00	2.06	1.30	3.00	0.00	0.00	2.17	1.36	3.00	0.00	0.00	0.21
85	1.15	0.42	1.28	0.54	0.69	1.35	0.58	0.68	0.88	1.42	0.60	0.70	0.82	0.69	1.38	0.56	0.66	0.74	0.65	2.30
86	0.99	0.55	1.06	0.59	3.00	1.40	0.76	3.00	0.00	1.94	1.03	3.00	0.00	0.00	1.92	1.05	3.00	0.00	0.00	3.00
87	1.40	0.00	1.92	0.04	0.04	2.17	0.05	0.31	1.81	2.11	0.12	0.55	1.31	1.39	1.95	0.06	0.50	1.17	1.36	3.00
88	1.20	0.17	1.27	0.25	0.98	1.44	0.30	0.81	0.42	1.45	0.30	0.75	0.54	2.32	1.54	0.34	0.79	0.60	2.40	0.00
89	1.11	0.52	1.18	0.57	2.93	1.49	0.67	2.23	0.00	1.49	0.63	1.60	0.03	2.85	1.60	0.69	1.61	0.11	3.00	0.00
90	1.47	0.28	1.50	0.34	2.13	1.62	0.42	1.54	0.77	1.62	0.45	1.38	0.78	2.54	1.70	0.50	1.43	0.82	2.58	0.00
91	0.84	0.36	0.85	0.39	0.91	0.94	0.43	0.69	0.30	0.91	0.42	0.61	0.37	1.14	0.88	0.39	0.56	0.32	0.98	2.25
92	0.48	0.14	0.49	0.14	0.45	0.52	0.16	0.29	0.37	0.50	0.15	0.24	0.30	1.00	0.49	0.14	0.25	0.27	0.80	0.16
93	1.39	0.46	1.67	0.74	0.49	1.72	0.78	0.66	1.08	1.73	0.79	0.70	0.93	1.22	1.65	0.73	0.65	0.85	1.17	2.21
94	0.48	0.03	0.57	0.09	0.00	0.60	0.11	0.02	0.45	0.58	0.10	0.03	0.30	0.88	0.53	0.07	0.02	0.28	0.56	1.45
95	1.07	0.04	1.09	0.08	1.48	1.15	0.11	1.05	0.41	1.16	0.16	0.89	0.38	1.44	1.19	0.18	0.89	0.38	1.50	0.05
96	1.09	0.26	1.40	0.38	0.00	1.74	0.40	0.00	2.26	1.76	0.41	0.10	1.58	1.39	1.71	0.37	0.05	1.50	1.19	3.00
97	0.89	0.47	0.90	0.48	1.56	0.91	0.47	1.02	0.60	0.89	0.46	0.81	0.58	1.51	0.84	0.43	0.75	0.54	1.27	1.32
98	0.76	0.19	0.76	0.21	1.06	0.81	0.24	0.79	0.18	0.84	0.28	0.74	0.23	0.51	0.82	0.26	0.71	0.17	0.41	1.90
99	0.71	0.04	0.70	0.00	1.17	0.75	0.00	0.66	0.07	0.81	0.00	0.61	0.08	2.42	0.75	0.00	0.53	0.05	1.73	1.29
100	1.10	0.00	1.45	0.00	0.00	1.99	0.00	0.00	3.00	3.00	0.00	0.00	3.00	0.00	3.00	0.00	0.00	3.00	0.00	0.00

附表3 被试能力参数表

被试代号	二维 θ1	二维 θ2	三维 θ1	三维 θ2	三维 θ3	四维 θ1	四维 θ2	四维 θ3	四维 θ4	五维 θ1	五维 θ2	五维 θ3	五维 θ4	五维 θ5	六维 θ1	六维 θ2	六维 θ3	六维 θ4	六维 θ5	六维 θ6
1	-3.00	-3.00	-3.00	-3.00	-3.00	-3.00	-3.00	-3.00	-3.00	-3.00	-3.00	-3.00	-3.00	-3.00	-3.00	-3.00	-3.00	-3.00	-3.00	-3.00
2	-3.00	-3.00	-3.00	-3.00	-3.00	-3.00	-3.00	-3.00	-3.00	-3.00	-3.00	-3.00	-3.00	-3.00	-3.00	-3.00	-3.00	-3.00	-3.00	-3.00
3	-3.00	-3.00	-3.00	-3.00	-3.00	-3.00	-3.00	-3.00	-3.00	-3.00	-3.00	-3.00	-3.00	-3.00	-3.00	-3.00	-3.00	-3.00	-3.00	-3.00
4	-3.00	-3.00	-3.00	-3.00	-3.00	-3.00	-3.00	-3.00	-3.00	-3.00	-3.00	-3.00	-3.00	-3.00	-3.00	-3.00	-3.00	-3.00	-3.00	-3.00
5	-3.00	-3.00	-3.00	-3.00	-3.00	-3.00	-3.00	-3.00	-3.00	-3.00	-3.00	-3.00	-3.00	-1.23	-3.00	-3.00	-3.00	-3.00	-3.00	-3.00
6	-1.78	0.54	-1.53	0.82	-0.24	-0.96	1.80	0.19	-0.32	0.32	1.26	0.20	-0.55	-1.23	0.38	1.08	0.13	-0.62	-1.19	0.00
7	-1.17	-0.31	-1.30	-0.28	0.29	-1.26	0.06	0.39	0.90	-1.14	0.16	0.54	1.31	-0.19	-1.10	0.12	0.57	1.29	-0.21	-0.01
8	-2.82	0.07	-1.93	-0.44	-0.33	-2.08	-1.18	-1.08	-0.06	-1.50	-1.17	-0.71	-0.21	-1.12	-1.43	-1.20	-0.48	-0.24	-1.38	-0.10
9	-1.95	0.61	-1.35	0.52	-0.47	-1.21	0.47	-0.47	-0.79	-0.81	0.36	-0.18	-0.86	-0.60	-0.84	0.28	-0.20	-1.69	-0.72	0.20
10	-1.63	-0.07	-1.13	0.14	-0.58	-0.64	0.35	-0.72	0.48	-0.53	0.19	-0.97	0.82	0.10	-0.91	0.15	-1.15	0.88	0.13	0.78
11	-1.28	-0.98	-0.93	-1.88	0.29	-0.81	-2.79	0.42	0.06	-0.33	-3.00	0.93	0.28	-1.16	-0.29	-3.00	0.99	0.37	-1.45	0.03
12	-0.67	-1.01	-0.50	-1.11	0.01	-0.40	-1.07	-0.11	0.00	-0.15	-1.47	-0.30	-0.13	-0.01	0.03	-1.40	-0.36	-0.12	0.02	-0.39
13	-1.50	0.28	-0.85	0.14	-0.62	-0.52	-0.12	-0.72	-1.08	0.27	-0.59	-0.65	-0.83	-0.67	0.43	-0.70	-0.64	-0.87	-0.75	-0.14
14	-2.96	1.56	-2.08	1.56	-1.01	-1.19	1.50	-1.10	-0.15	-1.12	1.25	-1.74	-0.15	0.21	-1.04	1.16	-1.86	-0.12	0.10	0.12
15	-1.17	0.22	-1.02	0.07	0.12	-0.83	0.00	0.25	0.88	-0.37	-0.34	0.34	1.30	-0.35	-0.27	-0.44	0.38	1.38	-0.40	-0.09
16	-1.43	-0.62	-0.61	-0.42	-1.26	-0.62	-0.81	-2.70	-1.53	-0.55	-1.42	-3.00	-1.86	0.44	-0.28	-1.55	-3.00	-1.91	0.68	-0.58
17	-3.00	1.39	-3.00	2.17	-1.20	-3.00	3.00	-0.78	-0.85	-2.25	3.00	-0.70	-0.71	-1.20	-2.15	3.00	-0.52	-0.65	-1.03	-0.62
18	-1.74	0.40	-1.12	0.54	-0.84	-0.45	0.59	-1.05	0.21	-0.15	0.35	-1.11	0.29	-0.38	-0.01	0.27	-1.08	0.31	-0.32	-0.34
19	-1.45	0.78	-0.73	0.59	-0.77	-0.45	0.26	-1.14	-0.01	0.15	-0.06	-0.90	-0.01	-0.87	0.18	-0.11	-0.87	-0.01	-0.88	-0.06
20	-0.32	-3.00	0.05	-2.98	-0.19	0.24	-2.81	-0.40		0.58	-2.85	-0.53		-0.20	0.73	-2.75	-0.52		-0.28	-0.23

附表4 项目间协方差表

维度数 项目对	二维	三维	四维	五维	六维
1	−0.00247	0.00211	0.00028	0.00364	0.00143
2	−0.01193	−0.00776	−0.01091	−0.00599	−0.00659
3	0.00326	−0.00616	−0.01933	−0.01521	−0.01598
4	−0.00705	−0.00431	−0.00539	−0.00447	−0.00182
5	0.00170	−0.00878	−0.01863	−0.01500	−0.00974
6	−0.00748	−0.00346	−0.00318	−0.00642	−0.00417
7	−0.00454	−0.00414	−0.00767	−0.01060	−0.01365
8	0.00016	−0.00900	−0.01786	−0.02120	−0.02542
9	−0.00504	−0.00839	−0.01053	−0.01368	−0.01713
10	−0.00413	−0.00501	−0.00751	−0.00860	−0.00426
11	−0.00425	−0.00499	−0.00376	−0.00662	−0.00620
12	−0.00696	−0.00347	−0.00423	−0.00502	−0.00332
13	−0.00286	0.00024	0.00080	−0.00197	0.00163
14	−0.00603	−0.00911	−0.01069	−0.01216	−0.01484
15	−0.01180	−0.00558	0.00092	−0.00153	0.00120
16	−0.00560	−0.00956	−0.01017	−0.01063	−0.00827
17	−0.00112	−0.00307	−0.00634	−0.00595	−0.00225
18	0.00128	−0.00221	−0.00423	−0.00890	−0.00623
19	−0.00966	−0.00559	−0.00040	0.00053	−0.00146
20	−0.00015	−0.00278	0.00275	−0.00266	−0.00332
21	−0.00866	−0.01036	−0.00151	−0.00053	−0.00430
22	−0.00150	−0.00467	−0.00539	−0.00556	0.00034
23	−0.00015	−0.00224	0.00407	0.00333	0.00127
24	−0.00334	−0.00167	0.00089	0.00145	0.00203
25	−0.00289	−0.00553	0.00310	0.00244	0.00686
26	0.00405	−0.00121	0.00500	0.00290	0.01020
27	−0.00792	−0.00924	0.00254	0.00191	0.00544

续表

维度数 项目对	二维	三维	四维	五维	六维
28	−0.00181	−0.01069	0.00464	0.00785	0.00800
29	−0.00484	−0.00238	0.00089	−0.00280	0.00256
30	0.00238	−0.00792	−0.00453	−0.00317	−0.00679
31	−0.00256	−0.00272	−0.00374	−0.00341	−0.00439
32	0.00185	−0.00625	0.00022	0.00351	0.00586
33	−0.00289	−0.00478	0.00331	−0.00071	0.00377
34	−0.00344	−0.00801	0.00124	−0.00197	−0.00367
35	0.00549	0.00178	0.00288	−0.00265	−0.00465
36	−0.00099	−0.00549	−0.00139	−0.00767	−0.00483
37	−0.00623	−0.00408	0.00268	0.00102	−0.00052
38	−0.00261	0.00033	0.00476	0.00655	0.00527
39	−0.00476	−0.00153	0.00029	0.00529	0.00309
40	−0.00361	−0.00039	0.00257	0.00322	0.00224

附表5（1）

二维模型

		频数	百分比	有效百分比	累计百分比
有效分组	1	12	0.2	0.2	0.2
	2	1333	27.1	27.1	27.3
	3	8	0.2	0.2	27.5
	4	45	0.9	0.9	28.4
	5	674	13.7	13.7	42.1
	6	10	0.2	0.2	42.3
	7	1318	26.8	26.8	69.0
	8	26	0.5	0.5	69.6
	9	526	10.7	10.7	80.3
	10	198	4.0	4.0	84.3
	11	423	8.6	8.6	92.9
	12	253	5.1	5.1	98.0
	13	98	2.0	2.0	100.0
	合计	4924	100.0	100.0	

附表5（2）

三维模型

		频数	百分比	有效百分比	累计百分比
有效分组	1	11	0.2	0.2	0.2
	2	2561	52.0	52.0	52.2
	3	45	0.9	0.9	53.1
	4	287	5.8	5.8	59.0
	5	2	0.0	0.0	59.0
	6	1193	24.2	24.2	83.2
	7	1	0.0	0.0	83.3
	8	240	4.9	4.9	88.1
	9	333	6.8	6.8	94.9
	10	65	1.3	1.3	96.2
	11	133	2.7	2.7	98.9
	12	5	0.1	0.1	99.0
	13	19	0.4	0.4	99.4
	14	20	0.4	0.4	99.8
	15	9	0.2	0.2	100.0
	合计	4924	100.0	100.0	

附表5（3）

四维模型

		频数	百分比	有效百分比	累计百分比
有效分组	1	10	0.2	0.2	0.2
	2	3807	77.3	77.3	77.5
	3	2	0.0	0.0	77.6
	4	48	1.0	1.0	78.5
	5	1	0.0	0.0	78.6
	6	3	0.1	0.1	78.6
	7	626	12.7	12.7	91.3
	8	56	1.1	1.1	92.5
	9	1	0.0	0.0	92.5
	10	153	3.1	3.1	95.6
	11	178	3.6	3.6	99.2
	12	12	0.2	0.2	99.5
	13	20	0.4	0.4	99.9
	14	7	0.1	0.1	100.0
	合计	4924	100.0	100.0	

附表5（4）

五维模型

		频数	百分比	有效百分比	累计百分比
有效分组	1	10	0.2	0.2	0.2
	2	4115	83.6	83.6	83.8
	3	41	0.8	0.8	84.6
	4	2	0.0	0.0	84.6
	5	4	0.1	0.1	84.7
	6	2	0.0	0.0	84.8
	7	185	3.8	3.8	88.5
	8	217	4.4	4.4	92.9
	9	253	5.1	5.1	98.1
	10	1	0.0	0.0	98.1
	11	74	1.5	1.5	99.6
	12	13	0.3	0.3	99.9
	13	7	0.1	0.1	100.0
	合计	4924	100.0	100.0	

附表5（5）

六维模型

		频数	百分比	有效百分比	累计百分比
有效分组	1	10	0.2	0.2	0.2
	2	4852	98.5	98.5	98.7
	3	1	0.0	0.0	98.8
	4	2	0.0	0.0	98.8
	5	8	0.2	0.2	99.0
	6	1	0.0	0.0	99.0
	7	1	0.0	0.0	99.0
	8	9	0.2	0.2	99.2
	9	28	0.6	0.6	99.8
	10	3	0.1	0.1	99.8
	11	9	0.2	0.2	100.0
	合计	4924	100.0	100.0	

非参数项目反应理论在维度分析中的运用及评价[*]

1 引言

非参数型项目反应理论（NIRT）自兴起、发展以来，多用于构建单维量表等问题，不同于逻辑斯蒂等参数型项目反应理论（PIRT）模型，不需要利用一个庞大的样本来做复杂的估算，但其介绍与应用在我国还比较少见。汉语水平考试（HSK）作为一种能力测验面临着构想效度的验证问题，但其构想效度的研究还不深入，尚未见到较多的证据，缺乏一个明晰的构想理论（张凯，1995），方法又多为因素分析等传统方法，具有种种局限性。本文遂使用 NIRT 来探索性地分析 HSK [初中等] 的潜在维度结构，并借此讨论 NIRT 作为维度分析工具的优劣。

2 维度研究的原理

过去十年里，用 NIRT 作为维度分析工具逐渐引起了研究者的兴趣。例如 Douglas et al.（1992）研究了 Law School Admission Test 的维度，Scheirs & Sijtsma（2001）考察了 International Survey of Adult Crying 的维度性。

用 NIRT 研究测验维度的过程，实际上是在全部试题中，分析提取出若干个单维量表的过程，依据是量表适宜性系数（scalability coefficients）。具体细

---

* 原文载于《心理学探新》2010年第3期。

分为三种：试题 i 与试题 j 间的量表适宜系数 H_{ij}；试题 i 与剩余试题全体间的量表适宜系数 H_i；试题全体的量表适宜系数 H。计算公式如下：

$$H_{ij} = \frac{Cov(X_i, X_j)}{Cov_{\max}(X_i, X_j)} = \frac{P_{ij} - P_i P_j}{P_i - P_i P_j} = 1 - \frac{P_i - P_{ij}}{P_i(1 - P_j)}$$

$$H_i = \frac{Cov(X_i, R_{(i)})}{Cov_{\max}(X_i, R_{(i)})} = \frac{\sum\limits_{j \neq i}(P_{ij} - P_i P_j)}{\sum\limits_{j > i}(P_i - P_i P_j) + \sum\limits_{j < i}(P_j - P_i P_j)}$$

$$H = \frac{\sum\limits_i Cov(X_i, R_{(i)})}{\sum\limits_i Cov_{\max}(X_i, R_{(i)})} = \frac{\sum\limits_i \sum\limits_{j \neq i}(P_{ij} - P_i P_j)}{\sum\limits_i \sum\limits_{i > i}(P_i - P_i P_j) + \sum\limits_i \sum\limits_{j < i}(P_j - P_i P_j)}$$

注：$R_{(i)}$ 指除 i 以外其他题的总分。

量表适宜性系数的一个优良性质是把保持高相关但又不同质的试题控制在低水平值上（Mokken，1997）。在非参数项目反应理论单调匀质模型中，用 H 系数分析抽取出的量表为 Mokken 量表。Mokken（1997）还提出仅当所有项目的 $H_i > c$ 时，那个量表才有用。c 是低限，可根据需要设定，至少为 0.3。当 $0.3 \leqslant H < 0.4$ 时，被认为是较弱程度的量表；当 $0.4 \leqslant H < 0.5$ 时，程度中等；当 $0.5 \leqslant H$ 时，程度强。换言之，如果 H 在 0 到 0.3 之间，我们就不能相信项目组有足够共同的东西能将被试在一有意义的潜在特质上排序。

3　自动选题策略及MSP

自动选题策略是构建 Mokken 量表的一种算法，而 MSP 就是根据其设计的操作程序。MSP 采用的算法基于项目对的 H_{ij} 系数，使用自底向上的序列选题策略，具体步骤如下：

第一步：在试题样本中选择 H_{ij} 大于 c、最高且检验显著的项目对。

第二步：计算每个备选试题与已选试题的 H_i 系数，选择与之系数最高且满足量表条件的试题。

第三步：重复第二步，直至无题可选。如果还有备选题目，那么从第一步开始重复，构建另一个单维量表，直至无题可构成另外的量表。

c 默认值为 0.3，H 系数显著性检验的 α 默认值为 0.05。为了减少偶然性风险，每步的检验方法使用 Bonferroni 校正检验。从本质看，这种序列选题策略是一种顺序聚类算法，分析基础是 H 系数组成的矩阵（Loevinger，1947；Hemker，1995）。H_{ij} 系数代表试题间的距离或相似性（distance/proximity），代表项目间的关系强度；H_i 系数是已选题组和待选的某个题间的相似性度量，所以量表适宜性系数可看成是标准化的"相关系数"。

MSP 作为一个能保证区分度的选题策略，在构建量表时，为了保证试题的区分度，可能将测量了同维度但区分度差的项目剔出去，这会造成分析维度时的两难困境：为了能保证项目正确归类，需提高 c 值；但提高 c 值后，又会将区分度差的、对同一维度敏感的项目剔出。

对此，Hemker et al.（1995）认为不存在一个适用于任何数据的独特 c 值，建议在执行 MSP 时，c 值从 0 开始，以 0.05 为步长，逐步增加到 0.55，这样就得到 12 种分类结果。如果试题是单维题组时，随着 c 值的增大，可能呈现出如下几个阶段：

（1）绝大部分或全部项目归为一个量表；

（2）形成一个较小的量表；

（3）形成一个或几个小量表，同时许多项目被剔出。

如果是多维题组的话，则会表现为：

（1）绝大部分或全部项目归为一个量表；

（2）形成两个或多个量表；

（3）形成两个或更多的小量表，同时剔出许多项目。

由此可见，在筛选过程的第一阶段单维题组和多维题组的表现相同，两者的分歧只是在第二、三阶段才显现出来，特别是第二阶段。这是由于第一阶段中 c 值过低，条件过于宽松造成的。虽然 Hemker et al 的建议给了我们很大启发，却引出另一个值得商榷的问题：这三个阶段该如何定义和明确。这一问题目前尚无明确的理论研究和规定。不过究其本质，在三个阶段中 c 值的增大意味着量表强度的增加，所以根据 Mokken 提出的关于量表强弱程度的标准，本文采用如下标准：当 $c < 0.3$ 时，为第一阶段；当 $0.3 \leqslant c < 0.5$ 时，量表从较弱到中等，为第二阶段；当 $0.5 \leqslant c$ 时，为第三阶段。

4　测验维度的实验研究

根据非参数项目反应理论的原理，本文设计了旨在探索性分析 HSK［初中等］部分试题潜在维度的实验。

4.1　实验材料

HSK［初中等］正式试卷的听力、语法结构和阅读部分试题，试卷代码为 M05N09X。其中听力题第一部分，从第 1 题到第 15 题；语法结构第一部分，从第 51 题到第 60 题；阅读第一部分中从第 81 题到第 95 题，共计 40 个题。每题均采用 0/1 计分，即答对为 1 分，答错为 0 分。

4.2　实验对象

从复旦大学、南开大学、外企等 11 个国内考点参加 2005 年 12 月 HSK［初中等］考试的 12098 名被试中随机抽取 4924 人。为保证样本对总体的代表性，实验依据被试的试卷总分分层抽样。

被试总体的平均分为 100.8 分，标准差为 33.714，呈正态分布。抽取的被试样本，平均数为 98.8，标准差为 31.33，经 T 检验后样本平均数与总体平均数无显著差异，P > 0.05。

4.3 实验方法

经分析，本实验使用的 MSP 程序，以 0.25 为初始值，0.55 为终点值，0.05 为步长，逐步设定 c 的取值，对实验材料进行分析。

4.4 实验结果与分析

得出七种分类结果，具体统计量包含难度、观测 Guttman 误差、期望 Guttman 误差、H 系数等，详细可见附表（$c = 0.25$ 时，由于计算机配置的限制，只有分类结果，没有保存到各具体统计量）。为表达方便，笔者将结果归纳如下：

表1　分类结果表

$c = 0.25$	
量表 1	87 82 83 93 81 95 90 88 89 06 53 86 85 84 07 15 56 57 59 10 91
量表 2	09 03 01 12 13
量表 3	60 51
$c = 0.3$	
量表 1	87 82 83 93 81 95 90 88 89 06 53 86 85 84
量表 2	15 10 03
量表 3	57 56
量表 4	09 01
$c = 0.35$	
量表 1	87 82 83 93 81 95 90 88 89
量表 2	86 53 84

续表

量表 3	15 10
量表 4	57 56
量表 5	06 04
$c = 0.4$	
量表 1	87 82 83 93 81 95 90
量表 2	86 53
$c = 0.45$	
量表 1	87 82 83
量表 2	95 90
量表 3	86 81
$c = 0.5$	
量表 1	87 82 83
$c = 0.55$	
量表 1	87 82

表 1 列出了 7 种分类结果，如前 4 行表示为：当 $c = 0.25$ 时，选出三个子量表，每个子量表中包含若干试题。各量表及量表内试题的排列顺序是 MSP 按量表适宜性系数的大小筛选的顺序。其中"量表 1"等只是一个称谓，并不意味着所代表的实质相同。

40 个题的量表适应性系数都大于零（参见附表），由程序的计算原理可推知，当 $c = 0$ 时，40 个试题都会汇聚到一个单一的量表中。随着 c 值的增大，最开始形成的单一量表逐步分化成若干个子量表，如 $c = 0.25$ 时，绝大部分试题归到第一类中，符合单维或多维题组第一阶段的特征描述。当 $0.3 \leq c < 0.5$ 时，量表从较弱到中等，MSP 始终都得到了两个或两个以上的小子量表。具体而言，$0.3 \leq c < 0.4$ 时形成了三个相对稳定的聚类中心：第 87 和 82 题、

第 10 和 15 题、第 57 和 56 题。$0.4 \leqslant c < 0.5$ 时，量表成了中等强度，后两个聚类中心及相应的子量表消失，但量表 1 却继续分化成若干小量表，这符合多维题组第二阶段的特征描述。当 c 增大到 0.5 后，只留下一个小量表，直至只剩下第 87 和 82 题，这符合单维题组第三阶段的特征描述。虽然在第二阶段多维的特征很明显，但考虑到第三阶段的特征，很难判断题组是单维还是多维，因此我们还需要继续做更深入的分析。

在每种分类中，总有些试题不能进入任何子量表中，如当 $c = 0.55$ 时，只有第 87 和 82 题组成一个量表。纵观整个过程，进入量表的试题大部分是阅读题，少部分是听力题，语法结构题极少，如 $c = 0.25$ 时，阅读题有 13 个，听力题有 8 个，语法结构题 5 个。在 c 达到 0.4 及以上时，量表中甚至只剩下阅读题。这说明 40 个题的区分度和一致性数阅读题最强，听力题次之，而语法结构题最差，这与 HSK 有关的题目分析研究结论相符。

并且每次聚类过程，都是第 87 和 82 题最先入选，说明这两个题的区分度和一致性极高。大多数阅读题依次聚合到以 87 和 82 为中心的分类中，而绝大多数听力和语法结构题与阅读题不在一个量表中。假设 87 和 82 题测量的是所谓的"阅读能力"，那么大部分听力题和语法结构题测量到的潜在特质是与"阅读能力"不同的特质。

听力题和语法结构题虽也有区分度和一致性较强的聚类中心，如听力题的第 15 和 10 题（还有第 9 和第 1 题，第 6 和 4 题，但没有第 15 和 10 题明显）、语法结构题的第 57 和 56 题。他们在第二阶段量表在成为中等强度前还存在的且相对独立，没有被同化到阅读题的聚类中。但随着 c 增加到 0.4 以上后，其再未出现过，只剩下阅读题的聚类。从整个分类过程的趋势看，这两类聚类中心所代表的潜在特质与阅读题代表的也不同。所以综合以上分析，我们有理由判断题组是多维的，而第三阶段之所以只留下一个小量表，最主要是因为听力和语法结构题的区分度和一致性非常差，无法"坚定地"保留下来，从而成为另一个小量表。

有的题在某种分类中没有出现，当改变 c 值，选择条件更苛刻时反而出现，并与原本在某一子量表中的试题重新构成另一子量表。比如第 4 题在 c 为 0.35 时，与原来在量表 1 的第 6 题重新组成量表 5。同理，有的题目本来与某些题在一个子量表，后来却脱离原来的量表，与别的试题构成区分度和一致性更高的新量表，如第 81 题。这是构拟最佳量表的过程，充分说明在探测题组维度时，没有一个绝对特定的 c 值，而要从小到大，逐步设定 c 的取值来综合判断，避免顺序选题策略中"能进不能出"的弊端。

与上一个现象大相径庭的是，随着 c 值的增大，有的题脱离原来的子量表后，并没有和别的题重新组合，而是从此"消失"了，如当 c =0.35 时的第 88 和 89 题；当 c =0.3 或 0.35 时的第 15、10、57 和 56 题，这很可能是因为虽然这些题目测量了相对应的潜在特质，但其区分度较小未能满足程序条件而被剔出的。

5　小结

通过对实验结果的分析，我们可以得到如下结论：

（1）从 M05N09X 号试卷中抽取的 15 个听力题、10 个语法结构题和 15 个阅读题构成的题组是多维的。在聚类过程中出现了具有代表性的三个聚类中心：第 87 和 82 题、第 15 和 10 题、第 57 和 56 题，其分别代表了三个不同的潜在特质维度。

（2）阅读题的区分度和一致性程度最强，听力题次之，语法结构题最差。

（3）听力、语法结构和阅读三个部分中有的试题与本部分其他试题的一致性并不比与其他部分的试题的一致性高，测量到了与本部分其他试题测量到的特质所不同的特质，如第 53 题。

（4）用顺序选题策略及其程序 MSP 侦测题组维度时，要从小到大，逐步设定 c 的取值，做综合判断，不存在唯一特定的 c 值。

（5）区分度是影响试题归类的一个非常重要的因素，某个题即便测到了相同的特质，也能因为区分度小而不能聚合到同类中去。

6 讨论与展望

实验表明运用 NIRT 能侦测出部分试题对被试的区分能力及一致性程度，但也暴露出 NIRT 应用于维度分析的种种不足。

这种方法对维度的侦测目前还没有一个明显的指标或统计量，来明确试题的归类。只能通过 c 值的变换，大略分析分类的趋势，总结各阶段的特征，但如何划分各阶段，亦缺乏一个明晰的标准。

维度的分析不仅受到潜在特质的影响，而且试题的区分能力也是一个非常重要的因素，这是方法先天存在的限制性。

此方法旨在构建单维量表，试题间一定强度的共同变化（协方差）能用一个相同的潜在"因素"来解释，那么试题就测到了相同的特质。但如果不同的试题测量了彼此不同，却存在高相关的潜在"因素"，也可能出现试题间非常一致的共同变化，以致误认为试题是单维的。这一情况在非参数反应理论中也很难分清。

在自动选题策略的选题方法上，通过 H 系数的高低选择试题，一旦选入就不能剔出。如果想重新尝试分类，唯一的方法就是增大 c 的取值，而这又往往受到区分度的影响，使程序面对区分度小的试题时失灵。

尽管非参数项目反应理论在分析维度时，目前仍存在很大的不足，但是我们仍可通过其对试题的一致性变化有个综合的了解，其在理论和选题方法上的不足还需要我们去完善。

附　表

题号	样本数	难度	观测 Guttman 误差	期望 Guttman 误差	H 系数	Z 统计量	P 值
1	4924	0.4949	27993	34527.93	0.1893	63.069	0.0000
2	4924	0.4728	30106	33473.31	0.1006	32.543	0.0000
3	4924	0.6001	28927	35994.78	0.1964	69.578	0.0000
4	4924	0.7049	26293	32460.39	0.1900	65.093	0.0000
5	4924	0.6434	32162	35249.40	0.0876	31.065	0.0000
6	4924	0.2528	13733	18625.95	0.2627	54.131	0.0000
7	4924	0.3721	20759	27039.22	0.2323	62.636	0.0000
8	4924	0.6651	28131	34608.14	0.1872	66.119	0.0000
9	4924	0.7496	23608	28712.09	0.1778	56.644	0.0000
10	4924	0.5418	27793	36074.92	0.2296	80.198	0.0000
11	4924	0.6937	28009	33217.53	0.1568	54.408	0.0000
12	4924	0.6852	27256	33717.89	0.1916	67.005	0.0000
13	4924	0.5266	28508	35732.70	0.2022	69.818	0.0000
14	4924	0.7526	22976	28415.24	0.1914	60.606	0.0000
15	4924	0.7348	22402	30021.06	0.2538	83.017	0.0000
51	4924	0.7713	21204	26443.55	0.1981	59.946	0.0000
52	4924	0.5024	30451	34850.02	0.1262	42.453	0.0000
53	4924	0.7478	20426	28881.24	0.2928	93.614	0.0000
54	4924	0.5715	30534	36293.79	0.1587	56.145	0.0000
55	4924	0.6846	27621	33750.66	0.1816	63.528	0.0000
56	4924	0.6633	26486	34670.82	0.2361	83.442	0.0000
57	4924	0.4385	24219	31459.69	0.2302	70.396	0.0000
58	4924	0.5656	30430	36319.29	0.1622	57.316	0.0000
59	4924	0.5648	28428	36315.94	0.2172	76.751	0.0000
60	4924	0.5672	29800	36318.02	0.1795	63.462	0.0000
81	4924	0.7589	19357	27771.03	0.3030	94.557	0.0000
82	4924	0.7797	17622	25511.16	0.3092	91.434	0.0000

题号	样本数	难度	观测 Guttman 误差	期望 Guttman 误差	H 系数	Z 统计量	P 值
83	4924	0.7043	23331	32505.04	0.2822	96.770	0.0000
84	4924	0.6958	24913	33088.51	0.2471	85.556	0.0000
85	4924	0.6749	26193	34226.43	0.2347	82.607	0.0000
86	4924	0.5349	26297	35946.24	0.2684	93.342	0.0000
87	4924	0.5189	27060	35476.08	0.2372	81.276	0.0000
88	4924	0.5303	27223	35836.46	0.2404	83.273	0.0000
89	4924	0.6239	26173	35635.80	0.2655	94.177	0.0000
90	4924	0.7126	23300	31857.15	0.2686	91.007	0.0000
91	4924	0.6450	28157	35209.37	0.2003	71.030	0.0000
92	4924	0.5491	31318	36175.67	0.1343	47.101	0.0000
93	4924	0.6751	25928	34217.49	0.2423	85.254	0.0000
94	4924	0.4679	28751	33217.74	0.1345	43.193	0.0000
95	4924	0.4535	23510	32392.07	0.2742	86.079	0.0000
量表	4924	0.0000	518694	656119.92	0.2095	312.661	0.0000

C=0.3 的分类

子量表 1

题号	样本	难度	观测 Guttman 误差	期望 Guttman 误差	H 系数	Z 统计量	P 值
84	4924	0.6958	7312	10830.32	0.3249	64.964	0.0000
85	4924	0.6749	7422	11065.47	0.3293	66.167	0.0000
86	4924	0.5349	7039	10939.92	0.3566	66.883	0.0000
53	4924	0.7478	6331	9619.07	0.3418	64.055	0.0000
6	4924	0.2528	3918	5714.00	0.3143	34.962	0.0000
89	4924	0.6239	7112	11156.97	0.3626	71.229	0.0000
88	4924	0.5303	6999	10907.68	0.3583	66.978	0.0000
90	4924	0.7126	6678	10519.17	0.3652	72.020	0.0000

续表

题号	样本	难度	观测 Guttman 误差	期望 Guttman 误差	H 系数	Z 统计量	P 值
95	4924	0.4535	5970	9708.54	0.3851	64.210	0.0000
81	4924	0.7589	5593	9280.46	0.3973	72.866	0.0000
93	4924	0.6751	7056	11064.15	0.3623	72.801	0.0000
83	4924	0.7043	6399	10693.27	0.4016	79.891	0.0000
82	4924	0.7797	4801	8553.74	0.4387	76.376	0.0000
87	4924	0.5189	6714	10774.07	0.3768	69.502	0.0000
量表	4924	0.0000	44672	70413.42	0.3656	178.027	0.0000

子量表 2

题号	样本	难度	观测 Guttman 误差	期望 Guttman 误差	H 系数	Z 统计量	P 值
3	4924	0.6001	1277	1850.63	0.3100	25.068	0.0000
10	4924	0.5418	1161	1774.51	0.3457	26.610	0.0000
15	4924	0.7348	970	1491.40	0.3496	24.089	0.0000
量表	4924	0.0000	1704	2558.27	0.3339	30.950	0.0000

子量表 3

题号	样本	难度	观测 Guttman 误差	期望 Guttman 误差	H 系数	Z 统计量	P 值
56	4924	0.6633	457	726.97	0.3714	16.407	0.0000
57	4924	0.4385	457	726.97	0.3714	16.407	0.0000
量表	4924	0.0000	457	726.97	0.3714	16.407	0.0000

子量表 4

题号	样本	难度	观测 Guttman 误差	期望 Guttman 误差	*H* 系数	Z 统计量	P 值
1	4924	0.4949	416	610.24	0.3183	12.779	0.0000
9	4924	0.7496	416	610.24	0.3183	12.779	0.0000
量表	4924	0.0000	416	610.24	0.3183	12.779	0.0000

C=0.35 的分类

子量表 1

题号	样本	难度	观测 Guttman 误差	期望 Guttman 误差	*H* 系数	Z 统计量	P 值
89	4924	0.6239	4397	6989.73	0.3709	57.929	0.0000
88	4924	0.5303	4164	6806.70	0.3882	57.550	0.0000
90	4924	0.7126	3961	6579.93	0.3980	62.104	0.0000
95	4924	0.4535	3603	6021.03	0.4016	52.770	0.0000
81	4924	0.7589	3385	5830.83	0.4195	60.986	0.0000
93	4924	0.6751	4141	6874.28	0.3976	62.886	0.0000
83	4924	0.7043	3795	6675.88	0.4315	67.810	0.0000
82	4924	0.7797	2825	5400.54	0.4769	66.067	0.0000
87	4924	0.5189	3949	6734.35	0.4136	60.598	0.0000
量表	4924	0.0000	17110	28956.63	0.4091	128.780	0.0000

子量表 2

题号	样本	难度	观测 Guttman 误差	期望 Guttman 误差	*H* 系数	Z 统计量	P 值
84	4924	0.6958	1039	1665.48	0.3762	29.341	0.0000
53	4924	0.7478	947	1528.54	0.3805	28.122	0.0000
86	4924	0.5349	814	1465.71	0.4446	29.431	0.0000
量表	4924	0.0000	1400	2329.86	0.3991	35.478	0.0000

子量表 3

题号	样本	难度	观测 Guttman 误差	期望 Guttman 误差	H 系数	Z 统计量	P 值
10	4924	0.5418	427	707.64	0.3966	18.183	0.0000
15	4924	0.7348	427	707.64	0.3966	18.183	0.0000
量表	4924	0.0000	427	707.64	0.3966	18.183	0.0000

子量表 4

题号	样本	难度	观测 Guttman 误差	期望 Guttman 误差	H 系数	Z 统计量	P 值
56	4924	0.6633	457	726.97	0.3714	16.407	0.0000
57	4924	0.4385	457	726.97	0.3714	16.407	0.0000
量表	4924	0.0000	457	726.97	0.3714	16.407	0.0000

子量表 5

题号	样本	难度	观测 Guttman 误差	期望 Guttman 误差	H 系数	Z 统计量	P 值
4	4924	0.7049	233	367.38	0.3658	9.661	0.0000
6	4924	0.2528	233	367.38	0.3658	9.661	0.0000
量表	4924	0.0000	233	367.38	0.3658	9.661	0.0000

C=0.4 的分类

子量表 1

题号	样本	难度	观测 Guttman 误差	期望 Guttman 误差	H 系数	Z 统计量	P 值
90	4924	0.7126	2970	4946.82	0.3996	55.027	0.0000
95	4924	0.4535	2379	4132.23	0.4243	45.128	0.0000
81	4924	0.7589	2610	4460.86	0.4149	54.050	0.0000
93	4924	0.6751	2967	5027.65	0.4099	55.742	0.0000

续表

题号	样本	难度	观测 Guttman 误差	期望 Guttman 误差	H 系数	Z 统计量	P 值
83	4924	0.7043	2800	4995.45	0.4395	60.684	0.0000
82	4924	0.7797	2143	4148.30	0.4834	60.174	0.0000
87	4924	0.5189	2503	4573.18	0.4527	53.132	0.0000
量表	4924	0.0000	9186	16142.24	0.4309	102.140	0.0000

子量表 2

题号	样本	难度	观测 Guttman 误差	期望 Guttman 误差	H 系数	Z 统计量	P 值
53	4924	0.7478	361	664.38	0.4566	19.959	0.0000
86	4924	0.5349	361	664.38	0.4566	19.959	0.0000
量表	4924	0.0000	361	664.38	0.4566	19.959	0.0000

C=0.45 的分类

子量表 1

题号	样本	难度	观测 Guttman 误差	期望 Guttman 误差	H 系数	Z 统计量	P 值
83	4924	0.7043	722	1519.67	0.5249	38.370	0.0000
82	4924	0.7797	589	1327.16	0.5562	37.506	0.0000
87	4924	0.5189	601	1318.49	0.5442	33.195	0.0000
量表	4924	0.0000	956	2082.66	0.5410	44.419	0.0000

子量表 2

题号	样本	难度	观测 Guttman 误差	期望 Guttman 误差	H 系数	Z 统计量	P 值
90	4924	0.7126	333	641.69	0.4811	19.527	0.0000
95	4924	0.4535	333	641.69	0.4811	19.527	0.0000
量表	4924	0.0000	333	641.69	0.4811	19.527	0.0000

子量表 3

题号	样本	难度	观测 Guttman 误差	期望 Guttman 误差	H 系数	Z 统计量	P 值
81	4924	0.7589	342	634.96	0.4614	19.569	0.0000
86	4924	0.5349	342	634.96	0.4614	19.569	0.0000
量表	4924	0.0000	342	634.96	0.4614	19.569	0.0000

C=0.50 的分类

子量表 1

题号	样本	难度	观测 Guttman 误差	期望 Guttman 误差	H 系数	Z 统计量	P 值
83	4924	0.7043	722	1519.67	0.5249	38.370	0.0000
82	4924	0.7797	589	1327.16	0.5562	37.506	0.0000
87	4924	0.5189	601	1318.49	0.5442	33.195	0.0000
量表	4924	0.0000	956	2082.66	0.5410	44.419	0.0000

C=0.55 的分类

子量表 1

题号	样本	难度	观测 Guttman 误差	期望 Guttman 误差	H 系数	Z 统计量	P 值
82	4924	0.7797	234	562.99	0.5844	22.639	0.0000
87	4924	0.5189	234	562.99	0.5844	22.639	0.0000
量表	4924	0.0000	234	562.99	0.5844	22.639	0.0000

单维参数型与非参数型项目反应理论项目参数的比较研究[*]

1 问题的提出

单维项目反应理论模型分参数型（Parametric Item Response Theory，PIRT）与非参数型（Nonparametric Item Response Theory，NIRT）两种。PIRT模型适合于等距量表或比率量表水平的测量，而 NIRT 的测量限于顺序量表水平。（Meijer，Sijtsma & Smid，1990；Sijtsma & Verweij，1992）前者使用难度、区分度、猜测度等若干项目参数刻画项目特征曲线，描写项目的测量特性；而后者不要求反应数据符合某种特定函数形态，比前者限制要少，只使用量表适宜性系数 H（scalability coefficients）衡量项目测量被试的适宜性。

关于 PIRT 与 NIRT 两种模型下项目参数之间的关系，有的研究者做了有益的分析。Roskam et al（1986）、Jansen（1982）和 Mokken et al（1986）认为 H 系数是一个能反映项目综合性能的统计量，它与潜在能力的方差、难度的全距（the spread of item difficulties）和区分度三个因素有关，当其中两个因素保持不变，H 系数就是另一个因素的递增函数，但是一个特定的 H 值并不能提供有关三个因素的具体信息。Sijtsma et al.（2008）认为 H_i 系数的取值取决于项目区分度、难度与潜在变量分布的交互作用。他们模拟了分布情况分别为（均值 $=-2$，标准差 $=1$）和（均值 $=1$，标准差 $=1$）两种能力群体对 5

* 原文载于《心理学探新》2015年第3期。

个多级项目的反应数据，样本容量都是 5000 人，这 5 个项目的三个等级的难度各不相同，区分度都是 1.4。经计算，虽然项目的区分度相同，但 H_i 系数却因为能力分布与难度的不同，而大小不同。张军（2010）使用自动选题策略分析试卷维度时，发现项目的区分度对通过 H 系数进行的量表构建过程有较大影响。除以上三个因素以外，是否还存在其他因素与 H 系数有关，如潜在能力分布的均值、难度分布的均值等，以及潜在能力、难度、区分度三个因素如何综合影响 H 系数，这些问题尚未有研究涉及。

2　PIRT模型的项目参数

单维性和局部独立性是单维参数型项目反应理论两大基本假设，除此以外，PIRT 还要求潜在能力与被试项目反应之间的关系符合某种特定的函数形态。根据函数的不同，主要有两种单维 PIRT 模型：正态拱形模型（Lord，1952）和逻辑斯蒂克模型（Birnbaum，1957）。这两种模型的项目特征曲线的形态都呈 S 型，根据所含项目参数的多寡又分为单参数模型（难度）、双单数模型（难度、区分度）和三参数模型（难度、区分度、猜测度）。

若给逻辑斯蒂克模型添加个调节系数 1.7，那么两种模型差别极小，但逻辑斯蒂克模型计算起来相对方便，因此使用更为广泛。难度参数与潜在能力参数在同一量纲中（Hambleton & Swaminathan，1984），一般处于 −3 到 3 之间，取值越大，说明项目越不容易答对；区分度处于 0 到 2 之间，取值越大，项目特征曲线越陡峭，项目对被试的区分能力越强；猜测度愈高，被试愈容易通过猜测回答正确。

单参数模型不含区分度，相当于区分度等于 1 的双参数模型，是双参数模型的特殊形态，其对数据的要求更严格，所以双参数或三参数模型在拟合数据上更加灵活。在大样本数据情况下，难度和区分度两参数都能得到良好的估计，猜测度却相对不太稳定，因此在实践中，双参数模型优势最明显。

双参数逻辑斯蒂克模型的形式如下：

$$P_i(\theta) = \frac{\exp[Da_i(\theta - b_i)]}{1 + \exp D[a_i(\theta - b_i)]}$$

注：a_i 为项目 i 区分度；b_i 为项目 i 区分度

D 为调节系数，取值 1.7；θ 为被试潜在能力参数

3 NIRT模型的项目参数

Mokken（1971）提 出 了 NIRT 中 的 单 调 匀 质 模 型（The Monotone Homogeneity Model，MHM）和双单调模型（The Double Monotonicity Model，DMM）。MHM 模型有三个基本假设：单维性、局部独立性、单调性。前两个假设与 PIRT 相同，但是 NIRT 不要求被试潜在能力与项目反应之间的关系符合某种特定函数形态，只要求项目反应曲线非单调递减，即若存在两个潜在能力值 θ_a 和 θ_b，且 $\theta_a \le \theta_b$，那么 $P(x_j=1 \mid \theta = \theta_a) \le P(x_j=1 \mid \theta = \theta_b)$。DMM 除以上三个假设外，另要求所有项目特征曲线不交叉，即非交叉性，类似于 PIRT 中的单参数模型。从假设要求来看，NIRT 模型比 PIRT 模型更自由，其对被试潜在能力与项目反应之间关系的理解更宽泛，所以若某数据拟合 PIRT 模型，那它必然亦拟合 NIRT 模型。

为衡量数据是否拟合 NIRT 模型，Mokken 采用了 Loveinger（1947）提出的量表适宜性系数。系数分为：项目 i 与项目 j 间的量表适宜系数 H_{ij}；项目 i 与剩余项目全体的量表适宜系数 H_i；全体项目的量表适宜系数 H。计算公式如下：

$$H_{ij} = \frac{Cov(X_i, X_j)}{Cov_{\max}(X_i, X_j)} = \frac{P_{ij} - P_i P_j}{P_i - P_i P_i} = 1 - \frac{P_i - P_{ij}}{P_i(1 - P_j)}$$

$$H_i = \frac{Cov(X_i, R_{(i)})}{Cov_{\max}(X_i, R_{(i)})} = \frac{\sum_{j \neq i}(P_{ij} - P_i P_j)}{\sum_{j>i}(P_i - P_i P_j) + \sum_{j<i}(P_j - P_i P_j)}$$

$$H = \frac{\sum_i Cov(X_i, R_{(i)})}{\sum_i Cov_{\max}(X_i, R_{(i)})} = \frac{\sum_i \sum_{j \neq i}(P_{ij} - P_i P_j)}{\sum_i \sum_{i>i}(P_i - P_i P_j) + \sum_i \sum_{j<i}(P_j - P_i P_j)}$$

注：$R_{(i)}$ 指除 i 以外其他题的总分。

若数据拟合 NIRT 模型，那么三种量表适宜性系数就都处于 0 和 1 之间。Mokken（1971）认为仅当 $H > c$ 时，那个量表才有用。c 是低限，可根据需要设定，至少为 0.3。当 $0.3 \leq H < 0.4$ 时，被认为是较弱程度的量表；当 $0.4 \leq H < 0.5$ 时，程度中等；当 $0.5 \leq H$ 时，程度强。换言之，如果 H 处于 0 到 0.3 之间，我们就不能相信项目组有足够共同的东西能将被试在一有意义的潜在特质上排序。（张军，2010）

4 实验研究

为研究被试能力、项目难度和区分度三个因素与量表适宜性系数的关系，设计本实验。

4.1 实验目的

实验希望解决三个问题：①区分度分布不同，难度分布相同的项目测量能力高低不同的群体时，项目的 H_i 系数是否不同，即区分度分布与 H_i 系数的关系。②难度分布不同，区分度分布相同的项目测量能力高低不同的群体时，项目的 H_i 系数是否不同，即难度分布与 H_i 系数的关系。③项目区分度分布、难度分布、被试群体潜在能力分布三个因素对试卷 H 系数的综合影响。

4.2 实验设计

由于真实的测验数据难以严格满足实验控制要求，实验使用软件 WinGen3（Han & Hambleton，2007），采用蒙特卡罗方法模拟若干套拟合双参数逻辑斯蒂克模型的数据，然后再计算这些项目的 H_i 与 H 系数，进而比较分析 NIRT 与 PIRT 两种模型项目参数的异同。为保证被试与项目样本的充分性，模拟的数据为 10000 个被试对 100 个项目的反应。

潜在能力一般服从正态分布，实验模拟了三个能力高低不同的被试群体：低能力分布 Θ_1（均值 =-2，标准差 =1）、中等能力分布 Θ_2（均值 =0，标准差 =1）与高能力分布 Θ_3（均值 =2，标准差 =1）。在项目反应理论中，难度参数与能力参数处于同一量纲中，所以实验模拟了三个与不同能力分布相对应的难度参数分布，分别为：B_1（-2，1）、B_2（0，1）、B_3（2，1）。区分度处于 0 到 2 之间，服从均匀分布。按取值大小，分四种类型：低区分度分布 A_1（0.1，0.5）、较低区分度分布 A_2（0.6，1.0）、较高区分度分布 A_3（1.1，1.5）和高区分度分布 A_4（1.6，2.0）。

被试能力分布、项目难度分布、项目区分度分布为三个自变量，量表适宜性系数为因变量。被试能力与项目难度分布分别有三个水平，区分度分布有四个水平，实验为 3×3×4 交叉设计，共 36 套模拟数据，具体见表 1。

表1　实验设计表

Θ	A											
	B_1				B_2				B_3			
	A_1	A_2	A_3	A_4	A_1	A_2	A_3	A_4	A_1	A_2	A_3	A_4
$Θ_1$	X_1	X_2	X_3	X_4	X_5	X_6	X_7	X_8	X_9	X_{10}	X_{11}	X_{12}
$Θ_2$	X_{13}	X_{14}	X_{15}	X_{16}	X_{17}	X_{18}	X_{19}	X_{20}	X_{21}	X_{22}	X_{23}	X_{24}
$Θ_3$	X_{25}	X_{26}	X_{27}	X_{28}	X_{29}	X_{30}	X_{31}	X_{32}	X_{33}	X_{34}	X_{35}	X_{36}

4.3　分析与结果

实验使用统计软件 R 中 2.7.5 版本的 mokken 软件包（Van der Ark LA，2010）计算 36 套模拟数据中 100 个项目的 H_i 系数与每套试卷的 H 系数，使用 SPSS13.0 计算每套试卷中所有项目区分度与 H_i 系数、难度与 H_i 系数之间的皮尔逊相关系数。

4.3.1　区分度分布与项目 H_i 系数的关系

相关系数的高低代表了两列变量的共变性，正相关表示其存在一致性变化，反之，负相关表示其存在相反的变化趋势。表 2a、b、c 列出当难度分别固定为 B_1（−2，1）、B_2（0，1）、B_3（2，1），不同区分度分布的项目测量不同能力分布的被试群体时，项目区分度与 H_i 系数之间的皮尔逊相关系数。如表 2a 中第一行的 0.971、0.965 和 0.944 分别表示当难度分布为 B_1（−2，1），区分度分布为 A_1（0.1，0.5）的 100 个项目在用于测量三个不同能力分布时，项目区分度与 H_i 系数的相关系数。同样，表中每列表示不同区分度分布的项目用于测量同一能力分布被试时，项目区分度与 H_i 系数之间的相关系数。** 表示在 0.01 水平上显著，* 表示在 0.05 水平上显著。

表2a　难度固定为B₁（-2，1）

B₁（-2，1）		Θ₁（-2，1）	Θ₂（0，1）	Θ₃（2，1）
A	A₁（0.1，0.5）	0.971**	0.965**	0.944**
	A₂（0.6，1.0）	0.869**	0.552**	0.136
	A₃（1.1，1.5）	0.559**	0.292**	0.058
	A₄（1.6，2.0）	0.307**	0.073	0.079

表2b　难度固定为B₂（0，1）

B₂（0，1）		Θ₁（-2，1）	Θ₂（0，1）	Θ₃（2，1）
A	A₁（0.1，0.5）	0.956**	0.966**	0.967**
	A₂（0.6，1.0）	0.561**	0.814**	0.600**
	A₃（1.1，1.5）	0.186	0.558**	0.341**
	A₄（1.6，2.0）	0.302**	0.426**	0.213*

表2c　难度固定为B₃（2，1）

B₃（2，1）		Θ₁（-2，1）	Θ₂（0，1）	Θ₃（2，1）
A	A₁（0.1，0.5）	0.957**	0.971**	0.980**
	A₂（0.6，1.0）	0.384**	0.761**	0.878**
	A₃（1.1，1.5）	0.192	0.380**	0.643**
	A₄（1.6，2.0）	0.019	0.200*	0.420**

上面三张表里 36 个相关系数中有 29 个在 0.01 或 0.05 水平上显著，这说明无论被试能力是什么分布，当难度固定时，区分度与 H_i 系数存在正相关，但区分度越大，它与 H_i 系数相关的程度愈趋于弱化。如表 2a 第一列，从上到下，随着项目区分度的增加，相关系数从 0.971 降到 0.307。只有当 B₂（0，1）和

Θ_1（-2，1）时，A_3（1.1，1.5）与 A_4（1.6，2.0）两个分布的区分度与 H_i 系数呈相反情况。当 B_1（-2，1）和 Θ_3（2，1）时，A_3（1.1，1.5）和 A_3（1.1，1.5）两个分布的区分度与 H_i 系数也呈相反情况，但由于在统计上都不显著，所以不予考虑。因此，换言之，H_i 系数与项目区分度有一定相关性，但项目 H_i 系数的计算能防止区分度大的项目对其取值造成过度影响。

另外，测验用于测量与难度分布相匹配的能力分布群体时，其区分度与 H_i 系数的相关总是高于难度分布与能力分布不匹配时的相关。如表2a的每行中，总是第一列的相关最高；表2b的每行中，总是第二列的相关最高；表2c的每行中，第三列的相关最高。所以，当难度分布与被试群体能力分布匹配时，项目区分度与 H_i 系数一致性会得到加强。

4.3.2　难度分布对项目 H_i 系数的关系

表3a、b、c、d列出当区分度分别固定为 A_1（0.1，0.5）、A_2（0.6，1.0）、A_3（1.1，1.5）和 A_4（1.6，2.0），不同难度分布的项目测量不同能力分布的被试群体时，项目难度与 H_i 系数之间的皮尔逊相关系数。表3a表明，当固定为低区分度分布 A_1（0.1，0.5）时，不同难度分布的项目的区分度与 H_i 系数均无相关。

表3a　区分度固定为A_1（0.1，0.5）

A_1（0.1，0.5）		Θ_1（-2，1）	Θ_2（0，1）	Θ_3（2，1）
B	B_1（-2，1）	0.025	0.042	0.093
	B_2（0，1）	-0.097	-0.055	-0.062
	B_3（2，1）	-0.108	-0.100	-0.068

表3b　区分度固定为A_2（0.6，1.0）

A_2（0.6，1.0）		Θ_1（-2，1）	Θ_2（0，1）	Θ_3（2，1）
B	B_1（-2，1）	-0.154	0.586**	0.786**
	B_2（0，1）	-0.700**	-0.239*	0.471**
	B_3（2，1）	-0.798**	-0.515**	0.054

表3c　区分度固定为A_3（1.1，1.5）

A_3（1.1，1.5）		Θ_1（-2，1）	Θ_2（0，1）	Θ_3（2，1）
B	B_1（-2，1）	0.009	0.708**	0.779**
	B_2（0，1）	-0.847**	-0.230*	0.658**
	B_3（2，1）	-0.821**	-0.779**	-0.147

表3d　区分度固定为A_4（1.5，2.0）

A_4（1.5，2.0）		Θ_1（-2，1）	Θ_2（0，1）	Θ_3（2，1）
B	B_1（-2，1）	0.417**	0.840**	0.670**
	B_2（0，1）	-0.791**	-0.150	0.742**
	B_3（2，1）	-0.799**	-0.599**	0.657**

　　表 3b、c、d 表明，当区分度较低、较高和高，以不同难度分布的项目测量不同能力分布的被试群体时，H_i 系数表现出三种情况：

　　（1）当项目难度分布处于被试能力分布的左侧，即于被试而言，项目较容易时，难度与 H_i 系数呈正相关。换言之，项目越难，其 H_i 系数越大。如表3b 中，当难度为 B_1（-2，1），能力分布分别为 Θ_2（0，1）和 Θ_3（2，1）时，相关系数为 0.586 和 0.786。

　　（2）当项目难度分布处于被试能力分布的右侧，即于被试而言，项目较难时，难度与 H_i 系数呈负相关，即项目越容易，其 H_i 系数越大。如表 3c 中，当难度为 B_3（2，1），能力分布分别为 Θ_1（-2，1）和 Θ_2（0，1）时，相关系数为 -0.821 和 -0.779。

（3）当项目难度分布和被试能力分布匹配，即于被试而言，项目难度适当时，难度与 H_i 系数无相关或呈非常弱的相关性。如表 3c 中，当 B_1（-2，1）和 Θ_1（-2，1）时，相关仅为 0.009，且不显著。只有表 3d 中，当 B_1（-2，1）和 Θ_1（-2，1）、B_3（2，1）和 Θ_3（2，1）两种情况时，情况特殊，系数分别为 0.417 和 0.656，且均在 0.01 水平上显著，这可能与高区分度这一因素有关。

4.3.3 三个因素对试卷 H 系数的综合影响

H 系数的大小反映了整个试卷测量某被试群体的综合性能。36 套试卷代表了 36 种情境，实验计算了这不同情境下 H 系数的取值，取值大小的变化揭示三个因素对试卷 H 系数的综合影响，具体见表 4。

表4 不同情境下 H 系数的取值

Θ	A											
	B_1				B_2				B_3			
	A_1	A_2	A_3	A_4	A_1	A_2	A_3	A_4	A_1	A_2	A_3	A_4
Θ_1	0.025	0.162	0.327	0.474	0.021	0.129	0.281	0.416	0.018	0.062	0.116	0.182
Θ_2	0.023	0.125	0.248	0.366	0.024	0.159	0.338	0.492	0.023	0.125	0.261	0.401
Θ_3	0.019	0.065	0.102	0.184	0.022	0.127	0.283	0.406	0.025	0.157	0.325	0.487

经分析，表 4 中 H 系数的变化表现出三种规律：

（1）当能力与难度分布不变时，区分度越大，H 值越大。如当 B_1（-2，1）和 Θ_1（-2，1）时，随着区分度分布从 A_1 到 A_4，H 系数从 0.025 增加到 0.474。

（2）当区分度分布不变时，测验难度分布与被试能力分布匹配时，H 值最大。如第一、二、三、四列中，B_1（-2，1）和 Θ_1（-2，1）分布匹配，所以这四列中第一行的 H 系数在每列中都是最大的。同理,第五、六、七、八列中,第二行的 H 系数在每列中最大;第九、十、十一、十二列中,第三行的 H 系数在每列中最大。

（3）当能力与难度分布匹配时,区分度达到 1.1 以上时,测验才能达到 0.3 的低限,如 B_1（−2，1）与 Θ_1（−2，1）分布匹配,当区分度分布为 A_3（1.1，1.5）和 A_4（1.6，2.0）时, H 系数取值为 0.327 和 0.474;当能力分布与难度分布接近匹配时,区分度达到 1.6 以上时,测验才能达到 0.3 的低限,如 B_1（−2，1）与 Θ_2（0，1）分布临近,当区分度分布为 A_4（1.6，2.0）时, H 系数为 0.366;当能力分布与难度分布差异较大时, 无论区分度多大,测验都达不到 0.3 的低限, 如 B_1（−2，1）与 Θ_3（2，1）分布差异较大, 在何种区分度分布下, H 系数均小于 0.3。

5 结论

NIRT 模型比 PIRT 的基本假设更宽松、自由,它为理解潜在能力与项目反应之间的关系提供了一个更宽阔的视角。项目反应数据若拟合 PIRT 模型,那必然拟合 NIRT 模型,某种程度上, PIRT 模型是 NIRT 模型的特例。

两者使用不同的项目参数描写项目的测量特性,研究的实验结果表明项目难度分布、区分度分布和被试群体的能力分布这三个因素交互影响着 H_i 系数和 H 系数,两种模型的项目参数间有着复杂的关联性。

非参数高斯核平滑法估计能力值的精度[*]

1　问题的提出

单维项目反应理论在刻画被试潜在能力与作答反应间的关系时，根据理论模型是否含参数，划分为两类：参数型项目反应理论和非参数型项目反应理论。前者不仅要求数据满足单维性、单调性、局部独立性三个假设外，还要求数据拟合逻辑斯蒂克函数或正态密度函数等，模型包含 1 个或多个参数，因此 PIRT 对数据的约束更多，对题目参数和被试能力参数的估计都需要较大样本，方法更复杂；后者只要求数据满足单维性、单调性、局部独立性三个假设，并不假设数据拟合某种特定函数，模型不含参数。因此与 PIRT 相比，NIRT 更灵活、更容易被理解和接受，更适于描写人格测验等小样本数据（Junker & Sijtsma，2001；Meijer &Sijtsma，2001；Sijtsma et al.，2008；张军，2014）。

运用单维 NIRT 项目反应理论估计被试潜在能力时，需要根据数据本身的特性，估计潜在能力与答对概率间的对应关系，刻画项目特征反应曲线（ICC）。NIRT 的 ICC 不具备某种特殊形态，如 PIRT 中 ICC 的 "S" 形等。Ramsay（1991）提出用非参数高斯核平滑法平滑估计 ICC，模拟研究表明这种方法估计时间快速，速度是 LOGIST 和 BILOG 两款软件的 500 到 1000 倍；而且能充分利用数据本身的特点，有效地估计被试能力并刻画 ICC（2000）。目前，这种方法的运用与性能的研究在国内尚属少见，此方法在题量、被试

---

*　原文载于《中国考试》2015年第5期。

样本数等不同测验条件下的适用性尚未进行过具体考察。

2 非参数高斯核平滑估计法

假设有 N 个被试，J 个题目，题目有 M 个选项。被试的潜在能力值为 θ_a，$a=1, ..., N$。y_{jma} 为被试 a 选择题目 j 中选项 m 的指示变量，当被试 a 选择题目 j 中的选项 m 时，y_{jma} 取值为 1，反之为 0。被试 a 选择题目 j 中选项 m 的概率是 $P_{jm}(\theta_a)$，在非参数高斯核平滑估法中，通过平滑处理被试潜在能力 θ_a 与题目作答反应的关系进行估计。在高斯核平滑估计前，应进行如下步骤：

（1）排序。被试按某统计量取值由小到大排序，统计量通常采用被试总分。

（2）赋值。按标准正态分布规律，计算被试的百分位数，并将其百分位数作为被试潜在能力值 θ_a 的值，$a=1, ..., N$。

（3）整理。按 θ_a 取值大小给全体被试的作答反应形式进行整理排序，如第 a 个被试的反应形式为（$x_{a1}, x_{a2}, ..., x_{aj}$）。

对自变量 θ_a 与因变量 $P_{jm}(\theta_a)$ 进行平滑处理，就是根据二者之间的对应关系，构拟出一条平滑曲线。被试潜在能力值一般从 -3 到 3，在这一区间取若干个值 θ_q 作为估计点，比如以 0.1 为步长，取 -3，-2.9，-2.8，……，2.9，3 这 61 个值为估计点。θ_a 可能与 θ_q 重合，也可能不同。通过公式 1 估计每个估计点 θ_q 的 $P_{jm}(\theta_q)$，构拟出一条平滑曲线。

$$P_{jm}(\theta_q)=\sum_{a=1}^{N}W_{aq}y_{jma} \qquad （公式 1）$$

平滑估计的关键原则是局部平均（local averaging），$P_{jm}(\theta_q)$ 是以 θ_q 为中心，以 h 为宽度的某一范围中所有 θ_a 所对应的 y_{jma} 的加权平均数。在理论上，θ_a 越接近 θ_q，θ_a 所对应的 y_{jma} 与 $P_{jm}(\theta_q)$ 关系越密切，权重 W_{aq} 越大，反之权重越小。计算权重时，使用高斯核函数 $K(u)=e^{(-u^2/2)}$，其中 $u=(\theta_a-\theta_q)/h$。因此，

$$W_{aq} = \frac{K[\theta_a - \theta_q]/h}{\sum_{a=1}^{N} K[\theta_a - \theta_q]/h} \quad (0 \leqslant W_{aq} \leqslant 1, \ \sum_{a=1}^{N} W_{aq} = 1) \quad （公式 2）$$

设定宽度 h 时，不宜过宽或过窄，过宽导致范围内 θ_q 过多，直接影响精度；过窄导致范围内 θ_q 过少，以致误差过大。一般设定 $h = 1.1N^{-0.2}$。

3　实验研究

为检测非参数高斯核平滑法在不同题量、不同样本数条件下，估计被试能力值的精确性设计本实验。

3.1　目的

实验希望解决三个问题：①非参数高斯核平滑法是否适用于估计小样本被试的能力值；②题量和样本数两个因素对这种方法的估计精度是否存在显著影响；③如果题量、样本数对这种方法有显著影响，那么两者应满足何种条件才能保证或达到相应的估计精度。

3.2　设计

由于真实的测验数据难以严格满足实验控制要求，实验使用软件 WinGen3（Han & Hambleton，2007），采用蒙特卡罗方法模拟若干套拟合双参数逻辑斯蒂克模型的二分（0/1）项目反应数据，然后使用 Testgraf98（Ramsay，2000），运用非参数高斯核平滑法估计被试能力值，估计程序中设定了 61 个估计点，$h = 1.1N^{-0.2}$。最后，实验比较分析模拟被试的能力值与估计值之间的一致性与偏差。

本实验为 6×7 设计，含题量和样本数两个因素，题量因素分 6 个水平，每个水平分别含 20、50、100、150、200、250 个题；样本数分 7 个水平，每个水平分别含 200、500、1000、2000、3000、4000、5000 个被试。潜在能力一般服从正态分布,实验模拟了 7 个被试群体,均为单维能力,分布为 Θ(均值 =0,标准差 =1)。在项目反应理论中,难度参数与能力参数处于同一量纲中,所以实验模拟了 6 种题量的难度、区分度都是 B(0,1),区分度处于 0 到 2 之间,服从均匀分布。实验共模拟 42 套数据,具体见表 1。

表1　实验设计表

样本数 ＼ 题量	20题	50题	100题	150题	200题	250题
200 人	X_1	X_2	X_3	X_4	X_5	X_6
500 人	X_7	X_8	X_9	X_{10}	X_{11}	X_{12}
1000 人	X_{13}	X_{14}	X_{15}	X_{16}	X_{17}	X_{18}
2000 人	X_{19}	X_{20}	X_{21}	X_{22}	X_{23}	X_{24}
3000 人	X_{25}	X_{26}	X_{27}	X_{28}	X_{29}	X_{30}
4000 人	X_{31}	X_{32}	X_{33}	X_{34}	X_{35}	X_{36}
5000 人	X_{37}	X_{38}	X_{39}	X_{40}	X_{41}	X_{42}

3.3　结果与分析

被试群体的模拟能力值是判定非参数高斯核平滑法估计精度的唯一标准。判定的指标有两个:①模拟能力值与估计值两组数据的皮尔逊相关系数,系数越大,两者的一致性越强;②两组数据之差的绝对值的平均数 $B_{平均}$,公式为 $B_{平均}=\dfrac{\sum_{a=1}^{N}|\theta_a-a|}{N}$。$B_{平均}$ 越大说明两组数据间的总体偏差越大。42 组数据的相关系数及 $B_{平均}$,分别见表 2、表 3。

表2　能力估计值与实际值的皮尔逊系数

样本数＼题量	20	50	100	150	200	250
200	0.84**	0.93**	0.95**	0.98**	0.98**	0.96**
500	0.86**	0.92**	0.96**	0.98**	0.98**	0.99**
1000	0.88**	0.93**	0.96**	0.97**	0.97**	0.98**
2000	0.86**	0.92**	0.96**	0.97**	0.98**	0.98**
3000	0.87**	0.93**	0.96**	0.97**	0.97**	0.97**
4000	0.85**	0.92**	0.97**	0.98**	0.98**	0.98**
5000	0.84**	0.94**	0.97**	0.98**	0.98**	0.98**
平均数	0.86	0.93	0.96	0.97	0.98	0.98

表3　$B_{平均}$值

样本数＼题量	20	50	100	150	200	250
200	0.45	0.3	0.24	0.17	0.14	0.17
500	0.38	0.27	0.19	0.17	0.15	0.12
1000	0.38	0.29	0.2	0.17	0.15	0.13
2000	0.41	0.31	0.19	0.17	0.14	0.13
3000	0.39	0.28	0.19	0.17	0.15	0.14
4000	0.42	0.31	0.2	0.16	0.15	0.14
5000	0.45	0.26	0.18	0.16	0.14	0.13
平均数	0.41	0.29	0.2	0.17	0.15	0.14

　　数据表明：在某种样本数条件下，随着题量的增加，模拟能力值与估计值的相关逐渐增大。如表2第2行从左至右，相关系数从0.86增至0.99；而且模拟能力值与估计值之间的偏差越来越小，如表3第2行从左至右，$B_{平均}$从0.38缩减至0.12。因此，使用非参数高斯核平滑法估计被试能力值，题量越大，估计的精度越高。当试卷含50个题以上时，可保证能力估计值与模拟

值一致程度在 0.9 以上，平均偏差在 0.29 以下。如果希望达到一个更良好的精度，如相关系数 0.95 以上，那么试卷至少应含 100 个题。

另外，在某种题量条件下，样本数的增加对模拟能力值与估计值的相关程度、$B_{平均}$ 大小似乎无明显改善趋势，如表 2 和表 3 的第 1 列。为进一步考察样本数和题量两个因素对两组数据间的 $B_{平均}$ 的影响，实验以表 3 中的 $B_{平均}$ 值为因变量，以样本数和题量两个因素为自变量，分别做单因素方差分析，见表 4、表 5。

表4　样本数单因素方差分析

	平方和	df	均方	F	显著性
组间	0.004	6	0.001	0.055	0.999
组内	0.406	35	0.012		
总数	0.410	41			

表5　题量单因素方差分析

	平方和	df	均方	F	显著性
组间	0.398	5	0.080	240.478	0.000
组内	0.012	36	0.000		
总数	0.410	41			

样本数因素有 7 个水平，各水平间的 F 值为 0.055，P = 0.999，组间差异不显著，被试样本数的增加，并未显著改善非参数高斯核平滑法对能力值的估计精度。换言之，被试样本数对估计精度没有影响。由此可知，非参数高斯平滑法不仅适用于估计大样本被试，同样也适用于小样本被试。

题量因素有 6 个水平，6 个水平间的 F 值为 240.478，组间差异在 0.01 水平下显著，这说明题量的大小对估计精度有显著影响。经方差齐次性检验，Levene 统计量为 3.905，P =0.006 > 0.5，方差不齐，因此使用 Tamhane 法对题量不同水平间进行多重比较。

表6　题量因素6个水平间多重比较

(I) 题量 (J) 题量	50	100	150	200	250
20	0.12286**	0.21286**	0.24429**	0.26571**	0.27429**
50		0.09000**	0.12143**	0.14286**	0.15143**
100			0.03143	0.05286**	0.06143**
150				0.02143**	0.03000*
200					0.00857

** 在 0.01 水平上显著；* 在 0.05 水平上显著

从表 6 可知，题量为 100 和 150 时（水平 3 和水平 4），两种条件下的模拟能力值与估计值的 B$_{平均}$无显著差别，即估计精度无显著改善；题量为 200 和 250 时（水平 5 和水平 6）同理。除此之外，其他水平之间的差异在 0.01 或 0.05 水平上有显著差异，对估计精度有显著改善。

结论

（1）在某种样本数条件下，随着题量的增加，模拟能力值与估计值的相关系数逐渐加大，一致性越来越强；而且估计的偏差越来越小，精度越高。

（2）被试样本数因素的 7 个水平的 B$_{平均}$的组间差异在统计上不显著，样本数的多寡对估计精度没有影响，非参数和平滑法不仅适用于估计大样本被试，同样也适用于小样本被试。

（3）题量因素的 6 个水平的 B$_{平均}$的组间差异在统计上显著，题量的增加能较好改善非参数高斯核平滑法对被试潜在能力值的估计精度。

（4）当试卷含 50 个题以上时，可保证能力估计值与实际值一致程度在 0.9 以上，平均偏差在 0.29 以下。如果希望达到一个良好的精度，如相关系数 0.95 以上，那么试卷至少应含 100 个题。

（5）题量为100题和150题、200题和250题时，这两对水平之间的估计总体偏差无显著差异。因此，当试卷从100题增加至150时，或者从200题增加到250时，总体偏差并未缩小，对估计精度没有显著改善。在测验实际中，如果只从估计精度考虑，没有必要把题量从100题增加至150题，或从200题增加到250题。

非参数项目反应理论在小规模测验中的运用[*]

1 引言

项目反应理论模型分参数型与非参数型两种类型。非参数型项目反应理论（Nonparametric Item Response Theory，NIRT）使用不含参数的模型解释被试潜在能力与反应的关系，因此不受参数型项目反应理论（Parametric Item Response Theory，PIRT）中常用的逻辑斯蒂克函数或正态密度函数等对数据形态的约束所带来的限制。与 PIRT 相比，NIRT 更灵活，更适于描写人格测验数据（Junker & Sijtsma，2001）。

PIRT 需足够大的被试样本，以估计模型的参数，如难度、区分度、能力等，而 NIRT 无需估计参数，适合小样本数据的分析，而且 NIRT 模型比较简易，更容易被理解和接受。（Meijer & Sijtsma，2001）NIRT 具有很多 PIRT 无法比拟的优势，但其介绍与运用在国内尚属少见，本文遂尝试将之运用于小规模测验的分析中。

2 模型与假设

Mokken（1971）提 出 了 NIRT 中 的 单 调 匀 质 模 型（The Monotone Homogeneity Model，MHM）和双单调模型（The Double Monotonicity Model，

---

[*] 原文载于《考试研究》2014年第1期。

DMM），其中 MHM 的模型假设最少，使用最广泛。

2.1 基本假设

MHM 模型有三个基本假设：单维性、局部独立性、单调性。为叙述方便，假定某测验有 J 个 0/1 计分的项目，$X = (x_1, x_2, \ldots x_j)$ 为被试反应向量。单维性假设指测验的所有项目只测量某种潜在特质 θ。局部独立性假设指某被试答对某项目的概率 $P_j(\theta)$ 不受其他被试或项目的影响，被试反应向量的概率是被试作答每个项目反应概率的连乘，即 $P(X = x \mid \theta) = \prod_{j=1}^{J} P(x_j \mid \theta)$。单调性假设是指被试答对概率 $P_j(\theta)$ 随着 θ 水平的提高而增大，假若存在两个潜在能力值 θ_a 和 θ_b，且 $\theta_a \leqslant \theta_b$，那么 $P(x_j = 1 \mid \theta = \theta_a) \leqslant P(x_j = 1 \mid \theta = \theta_b)$。

单维性与局部独立性两个假设都非常严格，很难满足和证明，在实践中我们多采用弱单维性假设与弱局部独立性假设。（Sijtsma & Molenaar，2002）弱单维性是指虽然测验存在若干种潜在特质，但只有一种"主导能力"主要影响着被试的表现，所以弱单维性也称为"本质单维性（essential undimensionality）"（Stout，1987；Hambleton et al.，1991）。

若局部独立性满足，那么给定任意一个能力值 θ，两个项目的协方差等于 0，即 $\mathrm{Cov}(X_i, X_j \mid \theta) = 0$。因为所有项目测量了相同的特质，而且被试可能具有不同的 θ 值，所以两个项目的协方差大于 0，即 $\mathrm{Cov}(X_i, X_j) > 0$，这就是弱局部独立性。弱局部独立性是局部独立性的必要条件，比局部独立性更易证明。如无特别说明，下文所指单维性和局部独立性均为弱假设。

2.2 量表适宜性系数

满足单调匀质模型的量表被称为 Mokken 量表。Mokken 采用了 Loveinger（1947）提出的量表适宜性系数（scalability coefficients），来衡量测验是否为 Mokken 量表。它的取值受被试能力分布、项目难度和区分度这三方面因素的影响，如果固定其中两个因素，它会随着第三个因素增大而增大（Sijtsma et al.，2008），所以量表适宜性系数是一个能综合反映项目性能的统计量。系数分为：项目 i 与项目 j 间的量表适宜系数 H_{ij}；项目 i 与剩余项目全体的量表适宜系数 H_i；全体项目的量表适宜系数 H。计算公式如下：

$$H_{ij} = \frac{Cov(X_i, X_j)}{Cov_{\max}(X_i, X_j)} = \frac{P_{ij} - P_i P_j}{P_i - P_i P_i} = 1 - \frac{P_i - P_{ij}}{P_i(1 - P_j)}$$

$$H_i = \frac{Cov(X_i, R_{(i)})}{Cov_{\max}(X_i, R_{(i)})} = \frac{\sum_{j \neq i}(P_{ij} - P_i P_j)}{\sum_{j > i}(P_i - P_i P_j) + \sum_{j < i}(P_j - P_i P_j)}$$

$$H = \frac{\sum_i Cov(X_i, R_{(i)})}{\sum_i Cov_{\max}(X_i, R_{(i)})} = \frac{\sum_i \sum_{j \neq i}(P_{ij} - P_i P_j)}{\sum_i \sum_{i > i}(P_i - P_i P_j) + \sum_i \sum_{j < i}(P_j - P_i P_j)}$$

注：$R_{(i)}$ 指除 i 以外其他题的总分。

若测验满足单调匀质模型，那么三种量表适宜性系数就都处于 0 和 1 之间。Mokken 认为仅当 $H > c$ 时，那个量表才有用。c 是低限，可根据需要设定，至少为 0.3。当 $0.3 \leqslant H < 0.4$ 时，被认为是较弱程度的量表；当 $0.4 \leqslant H < 0.5$ 时，程度中等；当 $0.5 \leqslant H$ 时，程度强。换言之，如果 H 处于 0 到 0.3 之间，我们就不能相信项目组有足够共同的东西能将被试在一个有意义的潜在特质上排序。（张军，2010）

3　假设检验方法

检验假设就是判断模型是否拟合，针对不同的基本假设，有不同的检验方法。

3.1 单维性与局部独立性检验

量表适宜性系数为探析测验的单维性提供了便利，但目前依据 H 值判断测验是否单维还缺乏明晰的标准。自动选题策略是构建 Mokken 量表的一种算法，算法基于 H_{ij} 系数，使用自底向上的顺序选题策略，从备选项目中选出符合条件的项目，构建出一个或多个单维的 Mokken 量表，所以自动选题策略也可用于测验的维度分析。

自动选题策略具体步骤如下。第一步：从备选项目中选择 H_{ij} 大于 c、最大且检验显著的项目对。第二步：计算每个备选项目与已选项目的 H_i 系数，选择系数最大且大于 c 的项目。第三步：重复第二步，直至无项目可选。如果还有备选项目，那么开始从第一步重复，构建另一个单维量表，直至无项目可构成另外的量表。c 默认值为 0.3，H 系数显著性检验的 α 默认值为 0.05，为了减少偶然性风险，每步的检验方法使用 Bonferroni 校正检验。

Hemkeret al.（1995）建议在自动选题时，c 值从 0 开始，以 0.05 为步长，逐步增加到 0.55，这样就得到 12 种分类结果。如果测验是单维的，随着 c 值的增大，可能呈现出如下几个阶段：①绝大部分或全部项目归为一个量表；②形成一个较小的量表；③形成一个或几个小量表，同时许多项目被剔除。如果是多维的话，则表现为：①绝大部分或全部项目归为一个量表；②形成两个或多个量表；③形成两个或更多的小量表，同时剔出许多项目。选题过程的第一阶段单维测验和多维测验的表现相同，两者的分歧体现在第二、三阶段，特别是第二阶段。

根据以往经验，当 $c < 0.3$ 时，为第一阶段；当 $0.3 < c < 0.5$ 时，量表从较弱到中等，为第二阶段；当 $c > 0.5$ 时，为第三阶段（张军，2010）。通过观察自动选题过程的三个阶段，特别是第二阶段中项目的分类情况，可大致判断测验是否满足单维性。而局部独立性的检验比较容易，如果测验有 J

个项目，就需检验 C_J^2 个项目对的协方差 Cov（x_i，x_j）是否大于 0。

3.2　单调性检验

若被试答对项目的概率随着潜在特质的增加而增加，那么项目就满足单调性假设。被试的测验总分是能够体现被试潜在特质水平的外显变量，所以被试答对概率随着测验总分的提高而提高是测验单调性的应有之义，Junker & Sijtsma（2000）将之称为外显单调性，即 $P(x_j=1 \mid R_i=s) \geqslant P(x_j=1 \mid R_i=r)$，$s \geqslant r$，其中 R_i 是除了项目 i 以外的测验剩余总分。比如被试 1 的 R_i 是 90 分，被试 2 的 R_i 是 80 分，那么被试 1 答对项目 i 的概率 P_{1i} 应不低于被试 2 答对的概率 P_{2i}，否则就违反了单调性假设。在实践中，这个违反的"量"要大于 0.03，即当 $P_{2i}-P_{1i} \geqslant 0.03$，且在 $\alpha=0.05$ 下显著时，才被认为违反了单维性。Molenaar et al.（2000）还提出统计量 $Crit$ 以侦测项目是否违反单维性假设。当 $Crit > 80$，项目违反单维性；当 $0 < Crit < 40$，项目单调递减情况的出现是抽样误差造成的；当 $40 \leqslant Crit \leqslant 80$，就需要对项目进一步分析。

如果得到某一剩余总分的被试过少，就需要将临近总分的被试合并，以达到对每组被试数量的最低要求。（Molenaar & Sijtsma，2000）若被试数为 N，一般来说，大于 500 人，那么每组最少为 N/10；大于 250 小于 500 的，最少为 N/5；若小于 250，则为 N/3。

4　模型的运用

大部分测验的被试样本都相对较少，如教学中的课程测验，不适合使用 PIRT 进行分析，而 NIRT 却具有明显优势，适合分析小规模测验。本研究使用统计软件 R 中 2.7.5 版本的 mokken 软件包（Van der Ark La，2010）将 MHM 运用于北京语言大学汉语进修学院某次课程测验的分析。

试卷为汉语进修学院 2010 年 1 月期末考试使用的《顺利篇 1—28 课（语法

试卷》，共含 67 个试题，0/1 计分。参加考试的是该学院 2009—2010 第一学期 20 个班的学生，班级代码为从 1001 到 1020，共 401 人。具体题型、题数见表 1。为叙述方便，67 个题按试卷中的先后顺序记为"item1，item2……item67"。

表1　题型和题数

题型	题数	计分方法	总分
选词填空	20		20
给（　）中的词语选择适当的位置	14		14
选择正确的句子	14	0/1 计分	14
用下列疑问代词就划线部分提问	8		8
用（　）中的词语完成对话	11		11
合计	67		67

4.1　测验的维度分析

研究使用 mokken 软件包中自动选题策略函数"aisp"构建 mokken 量表，探析测验的维度。如前所述，单维测验和多维测验的分歧主要表现在选题过程中的第二阶段，因此实验将 c 值设定为从 0.3 到 0.5，步长 0.05，其他使用函数默认值。

表2　量表构建过程

量表	c =0.3		c =0.35		c =0.4		c =0.45		c =0.5	
	题数	H 系数	题数	H 系数	题数	H 系数	题数	H 系数	题数	H 系数
量表1	52	0.47	48	0.49	43	0.53	35	0.59	33	0.60
量表2	6	0.38	6	0.41	5	0.44	3	0.53	2	0.73
量表3	3	0.35	2	0.46	2	0.52	2	0.56	2	0.56
量表4					2	0.47	2	0.52	2	0.55

续表

量表	c =0.3		c =0.35		c =0.4		c =0.45		c =0.5	
	题数	H 系数	题数	H 系数	题数	H 系数	题数	H 系数	题数	H 系数
量表 5					2	0.46	2	0.50	2	0.52
量表 6							2	0.48	2	0.50
量表 7							2	0.46		
量表 8							2	0.45		
淘汰题	6		11		13		17		24	

　　表 2 列出不同 c 值情况下构建出的量表数、每个量表所含题数与 H 系数。当 $c=0.3$ 时，出现 3 个量表。随着 c 值的增大，量表数越来越多，直至出现 8 个量表。但无论 c 值如何变化，量表 1 所含题数最多，其他量表一般只包含 2 个项目，选题过程呈现出明显的单维性特点。

　　为进一步佐证，研究使用 R 软件进行主成分分析。如图 1 所示，从 67 个项目中抽出 15 个特征根大于 1 的主成分，但主成分 1 解释了 29.12% 的方差，另 14 个主成分一共解释了 2% 左右的方差，主成分 1 在数据解释上是唯一有意义的。综合 NIRT 自动选题过程和主成分分析的结果,测验满足单维性假设。

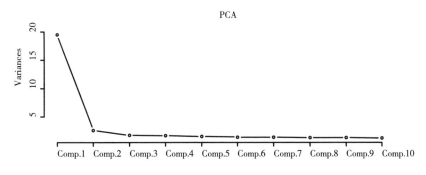

图1　主成分分析

4.2 Mokken量表的强度

Mokken 量表程度越强，量表越有效、可靠。经计算，测验的量表适宜性系数 H 是 0.395，高于 0.3 的低限。总体来说，测验符合 Mokken 量表的要求，但程度较弱。试卷含 67 个试题，共有 67 个 H_i 系数，其中有 58 个高于 0.3 的低限，而另 9 个 H_i 系数小于 0.3，不符合 Mokken 量表要求。为进一步分析 9 个试题对试卷 H 系数的影响，本研究把 H_i 系数由小到大排序，计算只删除某题后的测验 H 系数，以及逐步删除多个题目后的试卷 H 系数，数据见表3，ΔH 为逐个删除题目后 H 系数的增加量。

表3　H 系数的变化

题目	H_i 系数	删除本题后 H 系数	逐步删除各题后 H 系数	ΔH
Item20	0.088	0.406	0.406	0
Item47	0.178	0.401	0.413	0.007
Item6	0.222	0.401	0.421	0.008
Item13	0.243	0.400	0.427	0.006
Item16	0.249	0.392	0.429	0.002
Item5	0.268	0.399	0.435	0.006
Item37	0.279	0.399	0.441	0.006
Item19	0.290	0.397	0.444	0.003
Item24	0.295	0.398	0.450	0.006

删除 9 个题中的任何一题，测验的 H 系数还是 0.4 左右，与原试卷 H 系数没有显著变化；但将 9 个题逐个都删除后，H 系数达到 0.450，测验变成中等程度的 Mokken 量表。这 9 个项目的 H_i 系数都小于 0.3，所以它们可能没有与其他性能良好的项目测量到相同的特质，或者对潜在特质没有足够的区分力，需要删除或修改。

4.3 测验的单调性分析

被试总分是其潜在特质水平的外显变量，假设潜在特质水平越高，被试总分就越高，其答对某项目的概率越高，项目的特征曲线是非单调递减的。在实践中我们常按总分大小给被试排序，但却忽视对测验的单调性进行检验。若测验违反单调性，那总分越高就不能说明潜在能力越高。

研究使用 mokken 软件包中"check.monotonicity"函数检验 67 个项目是否满足单调性。为保证分组的均匀性，实验将 401 个被试分成七组，每组至少含 50 个被试。54 个项目满足单调性假设，如图 2 所示 item4 的情况。图中横坐标为"组别"，401 个被试按分数段被分成七组：14—28 分、29—38 分、39—47 分、48—54 分、55—59 分、60—62 分和 63—66 分；纵坐标为项目答对概率；折线表示项目的特征曲线。

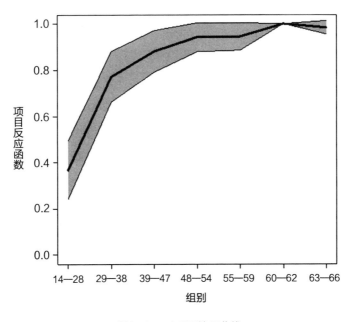

图2　item4项目特征曲线

有 13 个项目存在单调递减的情况（#vi>0，$Crit > 0$），统计结果见表 4，其中只有 item47 的 $Crit > 80$，item12 的 $Crit$ 大于 40，小于 80。

表4 出现非单调性变化的试题

	H_i	#ac	#vi	#vi/#ac	maxvi	sum	sum/#ac	zmax	#zsig	crit
item6	0.22	21	1	0.05	0.12	0.12	0.0059	1.07	0	36
item12	0.38	15	1	0.07	0.18	0.18	0.0123	1.75	1	64
item15	0.45	14	2	0.14	0.03	0.06	0.0044	0.45	0	20
item16	0.25	15	1	0.07	0.04	0.04	0.0024	0.37	0	19
item20	0.09	21	2	0.10	0.06	0.09	0.0041	0.40	0	36
item23	0.31	21	1	0.05	0.09	0.09	0.0042	0.97	0	26
item32	0.31	21	1	0.05	0.09	0.09	0.0043	0.85	0	26
item35	0.33	21	1	0.05	0.11	0.11	0.0052	0.97	0	28
item42	0.33	21	1	0.05	0.04	0.04	0.0020	0.28	0	13
item47	0.18	21	5	0.24	0.22	0.46	0.0219	2.17	1	108
item48	0.31	21	1	0.05	0.06	0.06	0.0027	0.41	0	18
item52	0.48	11	1	0.09	0.03	0.03	0.0028	0.47	0	11
item57	0.40	12	1	0.08	0.05	0.05	0.0045	1.01	0	21

经统计检验,这两个项目在 α=0.05 水平上也违反了单调性假设(#zsig>0)，如图 3 所示 item47 项目反应曲线，这两个项目需修改或删除。

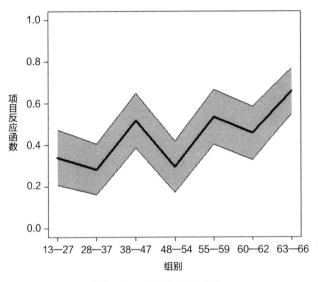

图3 item47项目反应曲线

其他 11 个项目虽然存在单调递减的情况，但在 $\alpha=0.05$ 水平上不显著，且 $Crit < 40$，所以属于统计误差，如图 4 所示 item20 的项目反应曲线。

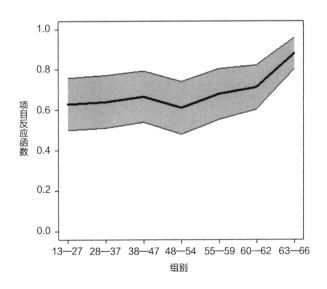

图4 item20项目反应曲线

5 结论

非参数项目反应理论模型不含参数，对数据形态要求较少，所以无需大样本数据估计能力、难度和区分度等参数，非常适合小规模测验的分析。本研究使用 NIRT 中假设要求最少、使用最广泛的单调匀质模型分析了北京语言大学汉语进修学院某次课程测验。

自动选题过程与主成分分析结果表明测验满足弱单维性假设，量表 1 测量的潜在能力是测验的"主导能力"。测验的 H 系数为 0.395，从整体上看，测验符合 Mokken 量表要求。测验的 67 个项目中有 9 个项目的 H_i 低于 0.3，它们或者没有测量到"主导能力"，或者区分力不强，需要删除或修改。删除后，测验成为中等强度的 Mokken 量表。另外有 13 个项目存在单调递减的情况，其中 11 个属于抽样误差，只有 2 个违反了单调性假设。

面向国际中文教学的测评实践

课程测验项目分析方法[*]

语言测试根据用途大致分为学能测试、水平测试、成绩测试和诊断测试。成绩测试和诊断测试与教学活动联系更为紧密，通常运用于教学情景中，如期末考试等。因此，本文将两者统一归为课程测试。课程测试是对外汉语教学中不可或缺的一环，课程测试的设计科学与否直接关系到能否为教学提供有效的反馈以及能否给予学生科学的评价。目前汉语的水平考试（如 HSK）已发展得较为成熟，对外汉语教学界也积极借鉴 HSK 的测试经验，将其自觉运用到教学中，这在一定程度上使课程测验变得越来越科学，但盲目地借鉴也造成人们对测验理论理解和应用上的误区。

1　项目分析的常用方法及适用性

项目分析是编制、评价测验的重要环节，广义上是指"对特定受测者在个别测验项目上所做反应的任何统计特征的计算和检验"（克罗克、阿尔吉纳，1986），其中最常用、最重要的两个统计指标是难度和区分度。目前对课程测验的项目分析多采用常模参照性测验的方法，考察经典测验理论（Classic Test Theory, CTT）中的难度和区分度这两个统计指标。难度即考生在某项目（题目）上的通过率或答对率；区分度通常指考生对某项目的作答反应与其测验总分的一致性，用皮尔逊积差相关、点二列相关、双列相关等系数来表示。点二

---

*　原文载于《考试研究》2013年第4期。

列相关与双列相关本质上是皮尔逊积差相关应用于二分变量的简化形式，当项目为多级时，仍需使用皮尔逊相关系数。CTT理论框架下的区分度指标适用于常模参照性测验，因为此类测验的目的在于将考生在语言能力的"连续体"上区分开来。项目的区分度越高，说明其在整个语言能力连续体上区分考生的性能越好。根据实际测验经验，普遍认为区分度大于等于0.4，说明项目的区分度令人满意；大于等于0.3但小于0.4，说明项目可不需修改或稍作修改；大于等于0.2但小于0.3，说明项目尚可，但必须修改；小于0.2，则说明项目需删除或完全修改。

在课程考试实践中，通常设定一条达标分数线，如总分的60%，达到分数线即为"合格"或"掌握"，否则为"不合格"或"未掌握"。课程测验有时还与能否达到毕业要求、颁发证书或奖学金的评定相挂钩，所以测验能否在一个能力点（分数线）上有效区分"掌握"和"未掌握"这两类学生的性能在课程测验领域愈加受到重视。而CTT理论下的区分度是题目在整个能力连续体上区分考生的程度，它综合考虑了在所有能力点上的区分能力，在理论上并不完全符合课程测验的目的，所以需要一种更符合课程测验要求的统计方法来进行项目分析。这种方法不止能甄别出项目在语言能力连续体上对学生的区分能力，也应能甄别出项目在某个特别的能力点上对学生的区分能力。

2 标准参照性测验的项目分析方法

标准参照性测验理论发端于20世纪60年代，自面世之日起，就受到教育学家、教学法专家、测量学家和教师的青睐（张凯，2002）。Gronlund（1988）曾将标准参照性测验定义为：可用定义明确且边界分明的学习作业域来解释所测表现的测验。与常模参照性测验相比，标准参照性测验不设立常模，参照的是一个由定义良好、明确的"标准行为"构成的范围。应用于对外汉语教学，这个范围就是教学大纲和课程安排中所规定的详细具体的教学目标、教学内容等。

对外汉语课程测验的目的是在教学内容涵盖下衡量学生是否达到教学要求，是否掌握了教学内容，并通过划定分数线，将学生划分为"掌握者"和"未掌握者"。在标准参照性测验理论体系下，常用的技术指标有难度 IF 和划界分数线系数（cut-score index）（James & Thom，2002）。IF 与 CTT 理论中的难度概念一致，即通过率。划界分数线系数，顾名思义，需要根据教学目标设定一条分数线，在实践中常以总分的 60%（60 分）为线，具体可细分为三种：

（1）B 系数（B-indes）。它是最直接的划界分数线系数，表示"掌握者"与"未掌握者"对题目反应的差异，是掌握者的通过率与未掌握者的通过率之差，其计算公式为：$B=IF_{通过} - IF_{未通过}$，取值为 –1 到 1 之间。一般取值越大越好，但当其为负值时，则需修改题目。Berk（1980）认为好的题目对掌握者来说其 IF 应在 0.7 与 1.0 之间，对未掌握者来说应在 0.0 与 0.5 之间，因此 B 系数若在 0.2（即 0.7—0.5）与 1.0（即 1.0—0.0）之间，就是可接受的。

（2）A 系数（agreement statistic），表示学生答对题目与通过考试的一致性程度，这一系数对答错题目并未通过考试的学生不敏感，其计算公式为：$A=2P_{iT} + Q_i - P_T$。其中 P_{iT} 为答对题目且通过考试的学生比例，Q_i 为答错题目的学生比例，P_T 为通过考试的学生比例。取值范围为 0 到 1，值越大，说明一致性程度越高。这个系数的计算因为没考虑到学生同时在某项目和整个考试上没通过的情况，所以在甄别掌握者和未掌握者时，实际效用不大。在本研究中，仅将其作为一个参考。

（3）ϕ 系数，代表了学生在每个题目和整个试卷上的表现间的相关程度，本质上为皮尔逊相关系数，其计算公式为：$\phi = (P_{iT} - P_i P_T)/\sqrt{P_i Q_i P_T Q_T}$。其中 P_i 为答对题目的学生比例，$Q_i=1-P_i$，Q_T 为未通过考试的学生比例。取值为 –1 到 1，一般与 B 系数相接近。通常也认为，其在 0.2 与 1.0 之间是可接受的。

这三种系数从理论上均适用于课程测验，符合课程测验的测验目的，能有针对性地说明课程测验甄别"掌握"和"未掌握"两类学生的性能，所以本文使用这种新的项目分析方法，并结合 CTT 理论中的传统方法，采用实验方式，对北京语言大学某次课程测验进行分析，希望为对外汉语教学提供一些有益的经验。

3 实验研究

3.1 目的

采用标准参照性测验理论体系中项目分析的相关统计指标，评价项目质量，即对"掌握者"和"未掌握者"区分的性能。

3.2 对象

北京语言大学汉语进修学院 2009—2010 年第一学期 11 个教学班，班级代码分别为 1001、1002、1003、1004、1005、1006、1007、1008、1016、1017、1020，实考人数 177 人。

3.3 材料

北京语言大学汉语进修学院 2010 年 1 月的期末考试使用的"顺利篇 1—12 课（语法）试卷"，共细分为 70 个题目，总分为 90 分，以 60% 为达标线，即 54 分为及格分。具体题型、分值、题数见表 1。

表1　题型题量及分值表

题型	题量	分值	总分
选词填空	20	1	20
给（ ）中的词语选择恰当的位置	10	1	10
选择正确的句子	10	1	10
连词成句	5	2	10

续表

题型	题量	分值	总分
用（ ）中的词语完成对话或句子	10	2	20
综合填空	10	1	10
根据所给的对话填空	5	2	10
合计	70		90

3.4 工具

自编 Visual FoxPro 程序、SPSS13.0。

3.5 过程

先录入学生反应数据，反应数据中有的是二分变量，有的是多级变量。使用自编程序计算每个题目的难度 IF、IF$_{通过}$、IF$_{未通过}$、B 系数、A 系数、ϕ 系数，利用 SPSS13.0 进行皮尔逊相关系数计算及相关分析。

3.6 数据与分析

70 个题目的 IF、IF$_{通过}$、IF$_{未通过}$、B 系数、A 系数、ϕ 系数、皮尔逊相关系数见附表。表 2 列出了三个难度指标的若干统计量，其中 IF$_{通过}$ 的平均数是 0.817，处于 0.7 与 1.0 之间；IF$_{未通过}$ 的平均数为 0.483，处于 0.0 到 0.5 之间，偏大，说明对"未掌握者"来说较容易。

表2 难度统计指标

三种难度	题数	最小值	最大值	平均数	标准差
IF	70	0.322	0.955	0.738	0.149
IF$_{通过}$	70	0.341	0.993	0.817	0.145
IF$_{未通过}$	70	0.024	0.905	0.483	0.194

从总体来看三个难度指标仍属正常,但依然存在某些项目 $IF_{通过}$ 小于 0.7 或 $IF_{未通过}$ 大于 0.5 的现象,如 $IF_{未通过}$ 最大值为 0.905,还需具体分析。

70 个题目中,有 18 个题目的 $IF_{通过}$ 小于 0.7,如第二大题中的第 1 小题为 0.3407,说明有 18 个题对达标的学生来说比较难,甚至非常难。有 34 个题目的 $IF_{未通过}$ 大于 0.5,如第一大题中的第 1 小题为 0.71429,说明有 34 个题对不达标的学生来说比较容易,即使他不能通过考试,也能答对很多这样的题。上述这些题目均需酌情进行修改或删除。

B 系数和 ϕ 系数能有效表明题目区分"掌握者"和"未掌握者"的性能。由于计算方法的不同,每种系数对题目的敏感性有不同侧重,所以本研究结合以上两种系数,综合考虑。

表3　B系数和 ϕ 系数统计指标

统计量	题数	最小值	最大值	平均数	标准差
A 系数	70	0.435	0.853	0.746	0.08
B 系数	70	0.066	0.572	0.334	0.121
ϕ 系数	70	0.072	0.577	0.35	0.113
皮尔逊系数	70	0.169	0.778	0.487	0.148

A 系数表示答对题目的学生与通过考试的学生的一致性程度。从表 3 可知,其平均数和标准差分别为 0.746 和 0.08,情况较为理想。但 B 系数与 ϕ 系数的平均数均不甚理想,接近可接受的下限 0.2,说明整套试卷总体上对两类学生的区分性能虽尚可接受,但区分性能不够高。部分项目的 B 系数与 ϕ 系数过低,需详加考察和修改。根据 Berk(1980)的建议,本研究着重考察了小于 0.2 的题目。B 系数和 ϕ 系数都小于 0.2 的题目共有 7 个,见表 4。

表4 不理想项目分析表（1）

类别	题号	IF	IF$_{通过}$	IF$_{未通过}$	B 系数	A 系数	ϕ 系数	皮尔逊相关系数
A 类	（一）3	0.825	0.867	0.69	0.176	0.734	0.197	0.376
	（一）11	0.898	0.926	0.81	0.116	0.751	0.164	0.187
	（一）17	0.955	0.97	0.905	0.066	0.763	0.134	0.268
B 类	（二）1	0.322	0.341	0.262	0.079	0.435	0.072	0.169
C 类	（三）7	0.492	0.519	0.405	0.114	0.537	0.097	0.214
	（三）9	0.514	0.556	0.381	0.175	0.571	0.149	0.317
	（一）18	0.672	0.719	0.524	0.195	0.661	0.176	0.336

表面上看都小于 0.2，但具体原因不尽相同。直观观察，大体可分为三类：A 类包括 3 个小题，这些题目的 IF$_{通过}$和 IF$_{未通过}$都非常大，对"掌握者"和"未掌握者"来说都非常容易，没有区分性，无测试意义；B 类包含 1 个小题，原因与 A 类完全相反，IF$_{通过}$和 IF$_{未通过}$都非常小，说明这个题目对两类学生都非常难，导致没有区分性，亦无测试意义；C 类包含的 3 个小题，没有出现极难或极易的情况，对两类学生来说，难度都属中等，但也不具备良好的区分性能。造成前两种情况的原因较为明显，即对所测能力或教学内容，"掌握者"和"未掌握者"或者都掌握得较好，或者都掌握得不好；而造成第三类情况的原因则较为复杂，可能是由于项目实际测量的知识或能力与希望测量的构想无关，也可能是因为项目所要测的内容并没有被涵盖在教学内容中，或者在实际教学中被忽视了。这些项目都需要进行大幅修改，甚至删除。

只有 B 系数小于 0.2 的题目有 4 个，只有 ϕ 系数小于 0.2 的题目有 2 个，分别见表5、表6。

表5　不理想项目分析表（2）

题号	IF	IF$_{通过}$	IF$_{未通过}$	B系数	A系数	ϕ系数	皮尔逊相关系数
（六）4	0.932	0.97	0.81	0.161	0.785	0.272	0.37
（三）1	0.91	0.948	0.786	0.162	0.774	0.241	0.404
（一）10	0.904	0.948	0.762	0.186	0.78	0.269	0.402
（一）19	0.932	0.978	0.786	0.192	0.797	0.325	0.435

表6　不理想项目分析表（3）

题号	IF	IF$_{通过}$	IF$_{未通过}$	B系数	A系数	ϕ系数	皮尔逊相关系数
（二）7	0.571	0.622	0.405	0.217	0.616	0.187	0.29
（二）9	0.593	0.644	0.429	0.216	0.627	0.187	0.273

　　出现只有 B 系数或只有 ϕ 系数小于 0.2 是由于计算方法不同，每种系数对题目的敏感性有不同侧重导致的。目前仍没有成熟的理论和经验能够说明哪种系数更具说服力，还需在今后继续进行理论探讨。

　　除此之外，还可结合传统的区分度皮尔逊相关系数来考察项目在语言能力连续体上对考生的区分能力。表 3 中，皮尔逊相关系数的均值为 0.487，说明试卷整体的区分能力是令人满意的。表 4、表 5、表 6 中的 13 个项目中有 7 个项目的皮尔逊系数高于 0.3，有 3 个甚至高于 0.4，说明其区分能力很好，几乎不用修改。但结合上文的分析，这些在语言能力连续体上能较好区分学生的项目，却不能较好地区分"掌握者"和"未掌握者"这两类学生，不能在达标线上衡量学生是否达到了课程的教学要求。这说明传统的区分度统计量，并不适用于课程测验或者达标性测验的项目分析。

4　结论

（1）对"掌握者"和"未掌握者"这两类学生来说，试卷的难度总体上正常，处于可接受范围之内，但题目普遍对"未掌握者"而言稍显容易，$IF_{未通过}$的平均数为 0.483，接近 0.5 这个可接受范围的上限。

（2）尽管存在有的题目较易或较难的现象，但大部分题目尚具有一定区分"掌握者"和"未掌握者"的功效，保留这些略有"瑕疵"的题目，一方面能确保试卷的覆盖面，另一方面有助于提高试卷的信度。

（3）有 7 个题目由于过难、过易或处于中等难度，导致其区分学生是否达到教学要求、是否"掌握"教学内容的作用甚微，B 系数与 ϕ 系数同时小于 0.2。这些题目不具有使用价值，应该删除或大幅修改。如果这些题目确实测试了教学的必测内容，且试卷中只有这些题目承担了考查这部分教学内容的功能，那么应当尽量修改，在保证测试内容的前提下，改善其测试性能。

（4）有 4 个项目只有 B 系数小于 0.2，有 2 个项目只有 ϕ 系数小于 0.2，目前仍无法判别哪种系数更具说服力，对这 6 个项目的判断持保留意见，还需其他材料或内容分析方面的佐证。

（5）传统区分度指标皮尔逊相关系数的平均数为 0.487，说明试卷整体上在语言能力连续体上区分学生的性能令人满意，但并不能说明项目能在达标线上较好地区分"掌握者"和"未掌握者"这两类学生。传统的区分度统计量并不适用于课程测验或者达标性测验的项目分析。

附表

题号	IF	IF 未通过	IF 未通过	B 系数	A 系数	φ 系数	皮尔逊相关系数
1	0.90395	0.96296	0.71429	0.249	0.802	0.359	0.432
2	0.85876	0.91111	0.69048	0.221	0.768	0.269	0.377
3	0.82486	0.86667	0.69048	0.176	0.734	0.197	0.376
4	0.83616	0.91111	0.59524	0.316	0.791	0.363	0.409
5	0.84181	0.94074	0.52381	0.417	0.83	0.486	0.524
6	0.85311	0.9037	0.69048	0.213	0.763	0.256	0.35
7	0.80791	0.9037	0.5	0.404	0.808	0.436	0.4
8	0.87571	0.93333	0.69048	0.243	0.785	0.313	0.477
9	0.88701	0.96296	0.64286	0.32	0.819	0.43	0.451
10	0.90395	0.94815	0.7619	0.186	0.78	0.269	0.402
11	0.89831	0.92593	0.80952	0.116	0.751	0.164	0.187
12	0.74576	0.82963	0.47619	0.353	0.757	0.345	0.434
13	0.85311	0.95556	0.52381	0.432	0.842	0.519	0.551
14	0.74576	0.83704	0.45238	0.385	0.768	0.376	0.426
15	0.75706	0.84444	0.47619	0.368	0.768	0.365	0.45
16	0.81921	0.91852	0.5	0.419	0.819	0.463	0.507
17	0.9548	0.97037	0.90476	0.066	0.763	0.134	0.268
18	0.67232	0.71852	0.52381	0.195	0.661	0.176	0.336
19	0.9322	0.97778	0.78571	0.192	0.797	0.325	0.435
20	0.79661	0.85926	0.59524	0.264	0.751	0.279	0.403

题号		IF	IF未通过	IF未通过	B 系数	A 系数	ϕ 系数	皮尔逊相关系数
二	1	0.32203	0.34074	0.2619	0.079	0.435	0.072	0.169
	2	0.83051	0.91111	0.57143	0.34	0.797	0.385	0.507
	3	0.84181	0.95556	0.47619	0.479	0.853	0.559	0.56
	4	0.77401	0.85185	0.52381	0.328	0.763	0.334	0.446
	5	0.82486	0.8963	0.59524	0.301	0.78	0.337	0.365
	6	0.87571	0.95556	0.61905	0.337	0.819	0.434	0.549
	7	0.57062	0.62222	0.40476	0.217	0.616	0.187	0.29
	8	0.62712	0.68148	0.45238	0.229	0.65	0.202	0.328
	9	0.59322	0.64444	0.42857	0.216	0.627	0.187	0.273
	10	0.67797	0.77778	0.35714	0.421	0.746	0.383	0.449
三	1	0.9096	0.94815	0.78571	0.162	0.774	0.241	0.404
	2	0.92655	0.99259	0.71429	0.278	0.825	0.454	0.534
	3	0.81356	0.9037	0.52381	0.38	0.802	0.415	0.543
	4	0.83051	0.8963	0.61905	0.277	0.774	0.314	0.356
	5	0.76271	0.83704	0.52381	0.313	0.751	0.313	0.354
	6	0.81921	0.87407	0.64286	0.231	0.751	0.256	0.34
	7	0.49153	0.51852	0.40476	0.114	0.537	0.097	0.214
	8	0.62147	0.7037	0.35714	0.347	0.689	0.304	0.445
	9	0.51412	0.55556	0.38095	0.175	0.571	0.149	0.317
	10	0.82486	0.91111	0.54762	0.363	0.802	0.407	0.539
四	1	0.60452	0.68889	0.33333	0.356	0.684	0.309	0.591
	2	0.70621	0.84074	0.27381	0.567	0.814	0.529	0.735
	3	0.89831	0.98333	0.625	0.358	0.839	0.504	0.632
	4	0.69068	0.81667	0.28571	0.531	0.792	0.489	0.7
	5	0.67797	0.78519	0.33333	0.452	0.757	0.411	0.585

续表

题号		IF	IF 未通过	IF 未通过	B 系数	A 系数	ϕ 系数	皮尔逊相关系数
五	1	0.43362	0.55	0.05952	0.49	0.643	0.421	0.752
	2	0.60876	0.69444	0.33333	0.361	0.688	0.315	0.665
	3	0.57062	0.66111	0.27976	0.381	0.675	0.328	0.721
	4	0.60452	0.69259	0.32143	0.371	0.689	0.323	0.645
	5	0.49153	0.60185	0.1369	0.465	0.664	0.396	0.778
	6	0.54661	0.65556	0.19643	0.459	0.691	0.392	0.759
	7	0.59463	0.69815	0.2619	0.436	0.708	0.378	0.713
	8	0.46045	0.5963	0.02381	0.572	0.686	0.489	0.761
	9	0.42938	0.5537	0.02976	0.524	0.653	0.45	0.732
	10	0.51554	0.61111	0.20833	0.403	0.654	0.343	0.647
六	1	0.74011	0.84444	0.40476	0.44	0.785	0.426	0.544
	2	0.89831	0.97037	0.66667	0.304	0.819	0.427	0.512
	3	0.73446	0.82963	0.42857	0.401	0.768	0.386	0.485
	4	0.9322	0.97037	0.80952	0.161	0.785	0.272	0.37
	5	0.9209	0.97037	0.7619	0.208	0.797	0.329	0.415
	6	0.63842	0.71852	0.38095	0.338	0.695	0.299	0.4
	7	0.49153	0.57778	0.21429	0.363	0.627	0.309	0.429
	8	0.84746	0.92593	0.59524	0.331	0.802	0.391	0.531
	9	0.76271	0.86667	0.42857	0.438	0.797	0.438	0.539
	10	0.68927	0.75556	0.47619	0.279	0.701	0.257	0.291
七	1	0.7839	0.89259	0.43452	0.458	0.815	0.473	0.582
	2	0.78672	0.91852	0.3631	0.555	0.852	0.577	0.642
	3	0.78672	0.91667	0.36905	0.548	0.849	0.569	0.646
	4	0.81215	0.9037	0.51786	0.386	0.804	0.42	0.613
	5	0.75282	0.82963	0.50595	0.324	0.75	0.319	0.47

初级汉语口语评价标准的调查研究[*]

1 问题的提出

在对外汉语口语教学实践中，任课教师不仅是教学任务的承担者，而且是留学生口语质量的评价者。每个教师对学生口语面貌的优劣都有自己的主观认识，并将这个"标尺"自觉运用于对口语质量的评价上。当然，教师心中的"标准"是建立在对汉语口语课程教学内容、目标的理解与贯彻上的。换言之，口语课的教学内容、目标指导着教师的口语评价标准。教师的"标准"是否符合课程教学要求，直接关系到能否正确评价学生的口语质量，所以我们有必要调查清楚教师心中的"标准"。本文以北京语言大学汉语进修学院初级阶段的口语教学为例，进行相关研究。

2 研究背景

2.1 教学大纲与教材

北京语言大学汉语进修学院使用《成功之路》系列教材，其中初级阶段使用《入门篇》、《起步篇》(1、2)、《顺利篇》(1、2)、《进步篇》(1、2)、《进步篇·读和写》(1、2)、《进步篇·听和说》(1、2)共11本书，需时一年。

* 原文载于《考试研究》2014年第4期，受北京语言大学项目"14YJ160205"（中央高校基本科研业务费专项资金）资助。

以零起点学生为例，上半年使用《入门篇》、《起步篇》和《顺利篇》，口语教学主要在综合课与复练课中进行，未独立开课；《进步篇》为下半年教材，口语与听力融合在一起，开设了听说课。"《成功之路》以国家汉办的《高等学校外国留学生汉语教学大纲》（长期进修）（以下简称《大纲》）为基本研制依据"（邱军，2008），适用于长期汉语进修教育。

《大纲》明确规定了初等阶段口语技能的教学要求："能比较准确地发出单个字、词的音，句子的语调虽有明显的母语影响但所表达的意思连贯，基本上能让听话人理解；能进行日常生活中诸如见面、介绍、祝贺以及询问、购物等基本口语交际，能用已经掌握的简单词汇表达自己的意图或叙述某一事情的基本内容，句子错误率不超过30%。"（国家汉办，2002）这个要求涉及口语的语音、词汇、语法、连贯性、内容五个方面，强调了口语表达的可理解性与准确性。《大纲》还按语音、语法、词、汉字、功能将初等阶段分为四个级别，规定了相应的教学要求。我们把初等阶段 4 个级别对词汇的要求和汉语进修学院初级阶段所用教材中的生词分布情况进行了比对分析，具体见表1、表2。

表1 《大纲》词汇要求

《大纲》初等阶段				
级别	1 级	2 级	3 级	4 级
词汇	500 个	562 个	650 个	700–750 个

表2 教材词汇要求

汉语进修学院初级阶段						
教材	《入门篇》	《起步篇》1	《起步篇》2	《顺利篇》1	《顺利篇》2	《进步篇》1	《进步篇》2
词汇	0 个	274 个	349 个	346 个	355 个	449 个	534 个

另外，《大纲》以口语产出的形式，对 4 个级别的口语教学内容做了规定，

它与教材的课文编写形式对比如下：

表3　《大纲》口语教学内容

		教学内容
初级	1 级	侧重完整单句和简单的问答交谈
	2 级	以问答交谈为主
	3 级	在交谈基础上开始练习短小的连句成段
	4 级	以交谈为主，适当进行短小的语段练习，语速适当加快，提高流利程度

表4　教材编写形式

教材	《入门篇》	《起步篇》1	《起步篇》2	《顺利篇》1	《顺利篇》2	《进步篇》1	《进步篇》2
形式	简短对话	简短对话或简单短文	简短对话或简单短文	长对话	长对话	短文	短文

从以上两方面对比分析可知，《入门篇》、《起步篇》（1）和《起步篇》（2）的部分对应于《大纲》的 1 级；《起步篇》（2）的部分和《顺利篇》（1）与 2 级对应；《顺利篇》（2）与《进步篇》（1）部分与 3 级对应；其他与 4 级相对应。将《大纲》的 4 个级别分编成 7 本教材是编者根据教学安排的实际情况，对《大纲》进行的灵活处理。

2.2　大规模考试采用的评价标准

口语评价标准是口语能力的一个操作性定义，影响较大的语言能力模型有 Bachmann（1990）的交际能力模型和 Munby（1978）的交际大纲等。依据不同语言能力模型，可制定出不同的评价标准。"项目的种类最可能来自教学过程……大体来说，评分项目可以遵循传统的语言成分的模型，也可以遵循现行的标准。传统的模型包括语法、词汇、发音、风格、流利程度、内容等。现行标准又加进长度、灵活性、速度、复杂性、准确性、得体性、独立性、重复和犹豫。现行标准更注重考虑说话者的表现,也被称为'表现标准'。"
(Underhill,1987)

目前的大规模语言考试的口语评分标准大多是"传统的语言成分模型"与"表现标准"的结合。例如,IELTS 口语评分标准分为九个等级,从"流利度与连贯性"、"词汇资源"、"语言结构的范围和准确性"和"发音"四个角度,分别对每个等级做了较细致的描述。以对"词汇资源"的描写为例,评分时关注词汇使用的准确性和复杂性。

大学英语口语考试(CET-SET)从"语言准确性和范围""话语长短和连贯性""语言灵活性和适切性"三方面将英语口语质量分为五等。虽然其使用的是"表现标准",但在描写各"表现标准"时,仍然从各语言成分出发。如5 分这一档次的"语言准确性和范围"评分项,不仅要求语法和词汇基本正确,还要求词汇丰富、语法结构较为复杂。

HSK[高等]的口语评分标准亦如此,标准按"传统的语言成分模型"分为内容、语法、词汇、语音、流利程度五个评分项,然后又较细致地描写了各语言成分在不同等级中的"表现"。

除此以外,FSI、BEC 和 TNF 等其他大规模考试也采用将"传统的语言成分模型"与"表现标准"相结合的描写方式。这种方式能较清楚地说明不同口语质量在各语言成分中的表现形式,有较强的可操作性,所以本研究也采用这种方式,描写各语言成分的"表现",制定调查问卷,对教师心中的"口语评价标准"进行调查。

2.3 评分各标准的比重问题

Ellis(1994)认为在二语习得过程中首先产出的是单字句、简化句,然后逐渐增加形成比较长的句子。二语习得者的口语能力发展呈现出三个阶段:词或短语表达、句子表达、语段表达,所以对外汉语教学在各个汉语水平层次上有不同的侧重点。在零起点阶段偏重语音教学,之后过渡到短语教学与句型教学，最后为语篇教学。

汉语进修学院初级阶段使用教材中，《入门篇》主要用于语音教学，《起步篇》、《顺利篇》和《进步篇》（1、2）逐渐从短语教学过渡到句型教学，并为日后的语篇教学做好准备。每个教学阶段有不同的教学内容、目标和教学方法，不同阶段留学生的口语产出也有很大的区别，所以教师应根据各阶段的要求，对不同阶段的口语产出进行评价。"初、中、高不同的等级考察学生口语能力时侧重点各不相同"（许希阳，2005），不存在适用于各个教学阶段口语评价的统一标准。假设一个零起点留学生，他的语音语调很好，但还不能成句表达，我们不能据此认为其口语不好，相反，他达到了我们的教学目标，教师通常会给予其口语较高评价。所以，在不同的教学阶段，口语各评价标准的相对比重应该是不同的，根据不同教学要求，教师会偏重某些方面来评价学生的口语。

3　研究过程

3.1　制定调查问卷

通过对《大纲》初等阶段的口语教学目标与目前多数大规模考试的口语评分标准这两者进行的归纳概括，本研究从中提炼出五项评价标准：语音、词汇、语法、流利度和内容。由于本研究旨在调查教师心中口语评价标准的基本面貌，即口语的哪些方面影响了教师对学生口语的评价，所以这五项标准没有按等级分别描写，而是以可能的"表现"形式来列举说明。

表5　口语评价标准

语言成分	语音	词汇	语法	流利度	内容
表现	语音语调的准确性、可理解性	词汇的广度、选词的恰切性	语法的准确性、复杂性	语速、节奏和韵律、非正常停顿（如长时间搜索词汇、思考等）、自我修正、重复	完整性、连贯性、逻辑性、关联词的使用

在此基础上，制定了《口语评价标准教师调查问卷》（见附录），调查教师对这些评价标准的认同程度，以及各项标准在不同教学阶段的比重。问卷共 21 个问题，前 18 个题是关于评价口语质量的某种观点陈述，采用五级量表，5 分表示完全同意、4 分为比较同意、3 分为不清楚、2 分表示比较不同意、1 分表示完全不同意。第 19 题为开放式回答，调查教师心中的其他可能的标准。第 20、21 题，分别采用五级量表和填写百分比的形式，调查不同教学阶段各评价标准在教师心中的比重。在以下的叙述和表格中，每个调查题目以"T"加上题号来表示，如第 1、10 题分别表示为"T1"和"T10"。

3.2 调查对象与结论

调查对象为北京语言大学汉语进修学院教授初级阶段汉语的一线教师，都有 5 年以上的口语教学经验。一共发放 29 份调查问卷，全部有效。数据分析与调查结论如下。

3.2.1 语音

从 T1 到 T4 调查了语音标准，表 6 为相关统计量。

表6　语音题统计量

	被试		平均数	众数	最小值	最大值
	有效	缺失				
T1	29	0	4.1379	4	2	5
T2	29	0	3.7586	4	1	5
T3	29	0	4.3448	5	2	5
T4	28	1	3.0714	4	1	5

数据表明绝大部分教师都赞同语音是评估口语的重要标准。在可理解性和准确性两个维度上，大部分教师认为可理解性比语言的准确性更重要，说明教师更重视口语交际功能的实现。另外，教师是以汉语母语者（普通话）的发音为标准来衡量语音的准确性。

教学中我们常常重视学生母语发音习惯对其汉语语音学习的影响，此次调查也将此作为一项调查内容，考察教师是否更关注由母语迁移所造成的语音缺陷。过多关注会引起更深的印象，以致产生"光环效应"。T4的平均数和众数分别为3.0714和4。从各选项的人数看，选择1和5的人数都比较少，选择2、3、4的人数相对平均，所以在这一问题上，教师的看法非常不一，"光环效应"较大程度地存在于教师对口语的评价上。

3.2.2 语法

T5和T6调查了语法标准。

表7 语法题统计量

	被试		平均数	众数	最小值	最大值
	有效	缺失				
T5	29	0	3.9655	4	2	5
T6	29	0	3.5862	4	1	5

表7表明绝大部分教师都认可语法是评估口语的重要标准。语法方面的衡量不仅包括准确性，还包括语法结构的复杂性。

3.2.3 语汇

T7、T8和T10考察了词汇标准。

表8 词汇题统计量

	被试		平均数	众数	最小值	最大值
	有效	缺失				
T7	29	0	3.7586	4	2	5
T8	29	0	3.9655	4	1	5
T10	29	0	4.069	4	1	5

同样，认为词汇标准是衡量口语的重要标准之一的占绝大部分。词汇标准包含词汇的广度与选词用词的恰切度。教师认为口语能力强的学生能根据

语境选择不同层次的话语。用词是否符合语境交际层次的需要也是选词用词是否恰切的应有之义。

3.2.4 流利度

T11、T12、T13、T14、T17 和 T18 考察了此标准。现行所有口语评估标准几乎都重视这一方面的评估，但对"流利"的定义却一直没有定论，往往通过列举与流利度相关的几个表现指标，如语速、节奏和韵律、停顿、重复等来说明流利的程度，并将这些指标运用到口语流利度的考察上。

表9 流利度题统计量

		T11	T12	T13	T14	T17	T18
被试	有效	29	29	29	28	29	29
	缺失	0	0	0	1	0	0
平均数		3.5172	3.5172	3.4828	3.6071	3.3793	4.069
众数		3a	3a	4	4	4	4a
最小值		1	1	1	1	1	2
最大值		5	5	5	5	5	5

注：a 表示存在多个众数，表中只列出了最小众数

T11、T12、T17 和 T18 分别调查了非正常停顿、重复、语速、节奏和韵律几个指标，数据表明教师大多同意这些指标能用于评估流利度。T13 和 T14 调查了教师对自我修正的态度，认为自我修正虽然能影响表达的流利性，但同时也能提高表达的准确性，所以教师不会只单纯地考虑自我修正是否存在，还会进一步观察学生的自我修正是否提高了表达的准确性。

3.2.5 内容

关于内容标准的调查，分别通过 T9、T15 和 T16 来看教师对内容标准中关联词的使用、完整性、连贯性和逻辑性四个指标的态度。从表 10 来看，同意的人数占绝对优势。

表10 内容题统计量

	被试		平均数	众数	最小值	最大值
	有效	缺失				
T9	29	0	3.9655	4	1	5
T15	29	0	4.4138	5	2	5
T16	29	0	4.1034	5	2	5

3.2.6 各标准的比重

T20 的调查数据表明，除了 3 名教师缺失数据外，其他 26 位教师都认为在不同教学阶段的口语考试中，各项口语评估标准的权重应该是不同的。T21 要求教师以百分比的形式标记出五项标准所占的相对比重，每项标准的比重是从 0% 到 100% 之间的某个数，几项的总和为 100%。如前文所述，7 本教材与《大纲》的 4 个级别有一定的对应关系，并且在实际的教学实践中，教师总是以教学安排中所使用的教材来"分割"各个教学阶段，所以本研究以《入门篇》、《起步篇》、《顺利篇》和《进步篇》作为不同的教学阶段的自然"分割"。为方便起见，下表中"语音 1""语音 2""语音 3""语音 4"分别代表这四个阶段的语音标准。其他标准的表示方法依此类推。

我们统计了各教学阶段中各标准相对比重的平均数及方差，其分别代表教师的总体意见、个体意见的差异程度。共有 23 人接受了本项调查，统计结果分别见表 11 至表 14。

表11 《入门篇》各标准比重

	被试		平均数	众数	方差	最小值	最大值
	有效	缺失					
语音 1	23	0	70.2174	80	246.542	40	100
词汇 1	23	0	8.6957	10	43.676	0	20
语法 1	23	0	6.7391	0	60.474	0	25
流利度 1	23	0	11.087	10	47.628	0	20
内容 1	23	0	3.2609	0	28.656	0	20

表 11 中观测数据全部有效，平均值代表各项标准的平均权重。经四舍五入后，语音、词汇、语法、流利度和内容分别占：70%、9%、7%、11% 和 3%。

表12　《起步篇》各标准比重

	被试		平均数	众数	方差	最小值	最大值
	有效	缺失					
语音 2	21	2	41.4286	30	360.357	0	70
词汇 2	21	2	19.0476	10	266.548	0	80
语法 2	21	2	19.2857	20	95.714	0	40
流利度 2	21	2	13.0952	20	41.19	0	20
内容 2	21	2	7.1429	10	26.429	0	20

表 12 中 21 个观测值有效，各项标准平均权重经四舍五入后分别为 41%、19%、19%、13% 和 7%，但这样五项的总和为 99%。四舍五入过程中，属语音的权重值舍得最多，遂把语音权重校正为 42%。

表13　《顺利篇》各标准比重

	被试		平均数	众数	方差	最小值	最大值
	有效	缺失					
语音 3	22	1	28.6364	20	288.528	0	70
词汇 3	22	1	16.5909	20	48.539	5	30
语法 3	22	1	29.0909	30	251.515	5	70
流利度 3	22	1	15.4545	10.00(a)	71.212	0	30
内容 3	22	1	10.2273	10	32.089	0	20

注：a 表示存在多个众数，此表只列了最小的众数

表 13 中 22 个观测值有效，各项权重经四舍五入后分别为：29%、17%、29%、15% 和 10%。

表14　《进步篇》各标准比重

	被试		平均数	众数	方差	最小值	最大值
	有效	缺失					
语音 4	21	2	24.0476	20	221.548	5	65
词汇 4	21	2	23.6667	20	92.833	5	40
语法 4	21	2	23.4762	20	149.762	10	60
流利度 4	21	2	16.4286	10	102.857	5	40
内容 4	21	2	12.381	10	56.548	0	30

表 14 中 21 个观测值有效，各项权重四舍五入后分别为 24%、24%、23%、16% 和 12%，总和为 99%，同理将语法权重校正为 24%。

进一步分析时，发现各项标准的权重在四个阶段中有不同的变化趋势，如图 1 到图 5 所示：

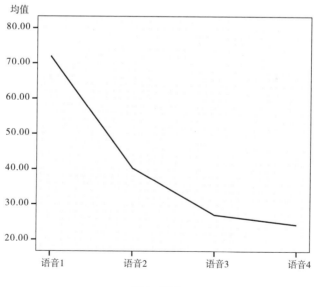

图1　语音

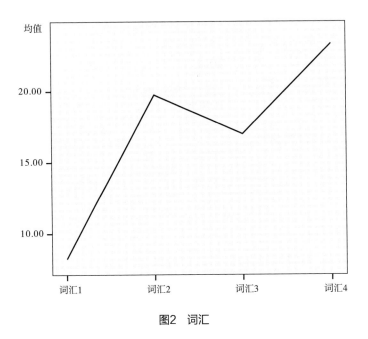

图2　词汇

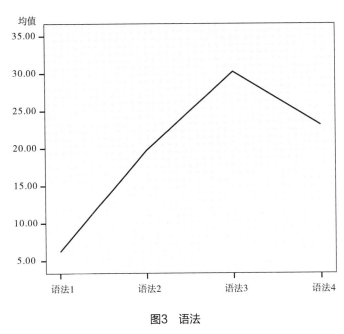

图3　语法

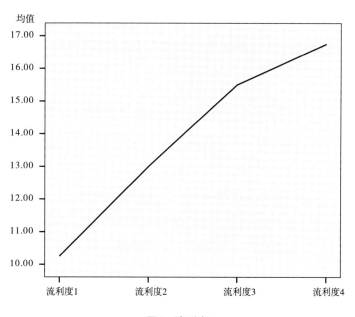

图4　流利度

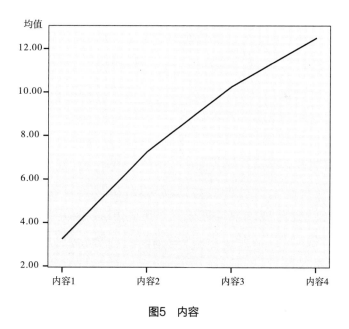

图5　内容

在由低到高四个教学阶段中，语音所占的比重呈单调降低状态，其中从《入门篇》到《起步篇》大幅度减少，而从《顺利篇》到《进步篇》变化不大。词汇的比重在各阶段中总体上呈上升态势，但从《起步篇》到《顺利篇》却有所降低。语法的比重在前三个阶段中快速上升，但在《进步篇》有所减少。流利度和内容方面都逐步上升。

结合 7 本教材与《大纲》初等阶段 4 个级别的对应关系看，1 级时学生的口语产出为单句和简单对话，所以教师的评价标准以语音、词汇和语法三项为主考察，其中语音占的比重最大，在语音教学阶段语音甚至占到 70%。2 级时产出形式主要是对话，比 1 级时的更复杂一些，此时评价标准仍以语音、词汇、语法为主，但语音的比重降低，其他几项的比重都有不同程度的增加，尤其是内容一项，从 3% 左右增加到了超过 10%，这说明这个阶段教师开始重视学生口语产出的信息量和口语的交际功能。3 级和 4 级时产出形式主要是对话和短小的语段，无论话语的广度还是深度，都有较大的提升，所以这两个阶段教师更重视各标准的均衡，不会特别偏重某个（些）标准。总体来看，语音、词汇、语法在各个阶段都是教师更为看重的标准，而且随着学生汉语水平的提高，流利度和内容也逐渐成为比较重要的评价指标。

4　结论

本调查表明教师普遍认同我们所归纳的口语评价标准，这些标准是对外汉语教师依据《大纲》对留学生口语质量进行评价时所自觉运用的"内在标准"。按"传统的语言成分"来分，包括语音、词汇、语法、流利度和内容五条标准，这五个标准在"表现"层面上有多种形式，比如流利度表现为语速、节奏和韵律、停顿、自我修正等等。

教师认为这五项标准不是同等重要的，在各个教学阶段中其所占的比重有很大不同。留学生口语产出的语音、词汇和语法三项是教师更为关心的，特别是零起点的汉语教学，语音项占到三分之二强。随着教学活动的开展、学生汉语水平的提高，各项标准有均衡发展的趋势，但始终是语音、词汇、语法三项为主、流利度和内容为辅。

　　了解了对外汉语教师心中的口语评价标准，我们就能初步弄清楚教师所给学生口语评价的"内部构成因素"，并以此为基础，制定适合教学、课程考试使用的口语评分标准。

口语评分量表调查问卷

尊敬的老师：

这是一份关于留学生汉语口语评估标准的调查问卷。调查可能需要 10 分钟时间，在此，我们衷心地感谢您对本项目的支持。共有 5 种关于汉语口语评估的观点陈述，请用 1—5 表示您对观点的态度。

（1= 我完全不同意这种说法　2= 我几乎不同意这种说法　3= 我不清楚是否同意这种说法　4= 我几乎同意这种说法　5= 我完全同意这种说法）

（1）对语音的评价是评估口语能力非常重要的一方面。
　　　　1　　　　　2　　　　　3　　　　　4　　　　　5
（2）在评估语音时，语音的可理解性比准确度更重要。
　　　　1　　　　　2　　　　　3　　　　　4　　　　　5
（3）好的语音应该与以汉语为本族语人的发音相似。
　　　　1　　　　　2　　　　　3　　　　　4　　　　　5
（4）评估语音时，对学生语音中的母语影响比其他语音缺陷更在意。
　　　　1　　　　　2　　　　　3　　　　　4　　　　　5
（5）对语法能力的评价（词法和句法）是评估口语能力非常重要的一方面。
　　　　1　　　　　2　　　　　3　　　　　4　　　　　5
（6）口语能力强的学生能成功使用复杂的语法结构表达。
　　　　1　　　　　2　　　　　3　　　　　4　　　　　5
（7）词汇（词汇量和选词）是评估口语能力非常重要的一方面。
　　　　1　　　　　2　　　　　3　　　　　4　　　　　5
（8）比起单纯的词汇量，应更注重选词的恰切度。
　　　　1　　　　　2　　　　　3　　　　　4　　　　　5
（9）口语能力强的学生能用多种关联词语使话语流畅、丰富。
　　　　1　　　　　2　　　　　3　　　　　4　　　　　5
（10）口语能力强的学生能根据不同的语境选择不同层次的话语。
　　　　1　　　　　2　　　　　3　　　　　4　　　　　5
（11）非正常停顿（比如长时间搜索词汇或思考）是评价口语流利性的重要指标。

　　　　　1　　　　　　2　　　　　　3　　　　　　4　　　　　　5
（12）口语不流利的学生常常重复表达。
　　　　　1　　　　　　2　　　　　　3　　　　　　4　　　　　　5
（13）自我修正（纠正自己的错误）影响表达的流利性。
　　　　　1　　　　　　2　　　　　　3　　　　　　4　　　　　　5
（14）学生经过正确地自我修正，能使其表达更准确。
　　　　　1　　　　　　2　　　　　　3　　　　　　4　　　　　　5
（15）口语能力强的学生能清楚完整地表达意思。
　　　　　1　　　　　　2　　　　　　3　　　　　　4　　　　　　5
（16）表达内容不连贯、逻辑性差的学生口语能力较差。
　　　　　1　　　　　　2　　　　　　3　　　　　　4　　　　　　5
（17）口语能力强的学生表达的语速会比较快。
　　　　　1　　　　　　2　　　　　　3　　　　　　4　　　　　　5
（18）口语能力强的学生能根据情景，更好的把握表达的节奏和韵律。
　　　　　1　　　　　　2　　　　　　3　　　　　　4　　　　　　5
（19）您认为还有哪些应包括的口语能力评估标准?

　　（20)语音、词汇（词汇量和选词恰当性）、语法（正确度和复杂性）、流利性、内容（信息量、完整性和连贯性）这五项标准同等重要。
　　　　　1　　　　　　2　　　　　　3　　　　　　4　　　　　　5
　　（21）请您用百分比标出各项标准在各教学阶段中的重要程度，如语音20%……

标准　　阶段	语音	词汇	语法	流利度	内容
语音阶段					
起步篇					
顺利篇					
进步篇					

再次感谢您的帮助!

初级汉语听说课测验新模式之探索

——以《成功之路》为例

1 研究缘起

1.1 《进步篇·听和说》成绩测验的现状

《进步篇·听和说》（简称"听说课"）为北京语言大学汉语进修学院根据《高等学校外国留学生汉语教学大纲（长期进修）》（简称《大纲》）编写的《成功之路》系列教材之一，适用于初级阶段的听说教学。听说课采用听说结合的编写和教学模式，属于"融合式技能训练"，体现了《成功之路》的融合、集成、创新等理念。（邱军，2008）目前与之相适应的课程测验由听力和口语两个分测验组成，两者独立成卷，单独施测，百分制记分，再各以50%的权重加和，计为听说课成绩的总分。听力测验的题型使用多项选择、连线、填表等传统题型；口语测验使用角色扮演这种新题型。虽然所用教材为听说"融合式"的，但其课程测验却未融合，还是传统意义上的听力测验和口语测验。

1.2 听说式测验的优越性

听力和口语独立成卷的测试方式沿袭了分技能测试的传统，但忽略了具体交际中听说并用的语言实际。与此相比，听说融合式的测验方式更具优越性。

1.2.1　听说结合的测验符合真实性和交际性原则

完成初级阶段学习的学生应当具备初步的汉语交际能力，能运用学到的语言知识和技能解决日常生活中最基本的问题（国家汉办，2002），所以教学和测验的重点和目标为留学生在真实语言环境中进行交际，解决基本问题的语言交际能力。语言测验的测试内容只是所有真实交际语言的"样本"（Bachman，1990），测试内容只有符合或尽可能贴近真实性和交际性两个原则（许希阳，2008）时，从其推断出的考生语言交际能力水平才有效可信。

在具体语境中，总是听和说的协同运用。既要听懂简单谈话，了解他人叙述的基本内容，理解说话人的主要意思，又要能让听话人理解，进行口语交际（国家汉办，2002）。听力输入和口语输出是同时进行的，所以作为测试"样本"的听说课成绩测验也应听说结合。只听不说，或只说不听的割裂式的测验方式不符合《大纲》要求和真实性、交际性原则。

1.2.2　听说结合式测验的效度更高

语言测验的真实可信建立于构想效度、内容效度、表面效度、预测效度等若干效度之上。首先，构想效度最为重要，它关涉测验测什么，成绩的高低代表了什么。"交际能力"这一概念由 Hymes（1972）首次提出。Bachman（1990）又提出交际性语言能力模型，并广泛地为国内外语言测试领域所接受。他认为交际能力包括三大部分：语言能力（language competence），策略能力（strategic competence）和心理生理机制（psychological mechanisms）。语言的交际过程不仅包含简单的语言能力，还包含有交际目的、语境以及交际双方的不同角色。根据这一模型，只有基于现实交际任务活动的听说融合式的语言测验才能可信有效地测量到需要测量的内容，才能让考生"身临其境"地面对任务，展现其交际能力的全貌，以具有更高的构想效度和表面效度。

其次，测验内容要与教材教学内容相一致。教学中我们是听说"融合式"教学，考试却听说分离，两者内容形式上不一致，会导致内容效度不高。这样可能造成不理想的负反馈,使学生轻视课堂中听说结合的学习和训练。因此,听说融合式测验的内容效度更高,更贴合教学活动实际,给学生的正反馈有利于教学工作的开展。

2 传统听说分离式测验的调查研究

为确定新模式试卷的开发原则,本文设计了调查问卷,针对学习者对传统测验形式的态度做了相关调查。调查内容涉及考生对传统测验形式的认同度、作答策略、汉字阅读和书写两方面的难度与速度对学生作答的影响、口语话题的准备等若干方面。调查对象是北京语言大学汉语进修学院初级系 5 个班的学习者,共 75 人。调查问卷全部有效。调查数据除个别外,均为等级数据,共 4 个等级,其中 4 为最高级,1 为最低级。

2.1 学习者对传统听说分离式测验的认同度

学习者对"听力考试成绩反映了听力能力"、"口语考试成绩反映了口语能力"和"听说考试的成绩反映了交际能力"三种说法赞同的程度,代表了其对考试的认同度。

结果表明三种说法的赞同程度的平均数都为 2.9 左右,而且选择 3(有点同意 mostly agree)的人居多。持"较认同"和"认同"态度的人占多数,分别为 73.3%、68%、72%。

2.2 作答策略

策略方面调查了学生在应答时是"先看问题和选项,然后听,再答",还是"先听、然后看问题和选项、再答",其中绝大部分(88%)采用先看后听的策略。而且在听不懂时,86.6% 的学生会猜测,并选择一个答案。

至于为什么学生采用先看后听的策略,调查数据显示,97.3% 的学生认为通过看问题或选项，可以帮助其更好地听懂。可见，试卷上的问题和选项给学生提供了理解的线索，还提供了猜测的条件，没听懂时可以选择一个猜测的选项。

2.3　汉字的影响

汉字对作答的影响体现在汉字阅读和书写的难度和速度上。有 60% 的调查对象有时或总是存在"因为看不懂问题或选项，而不知道怎么回答"的情况，其中 8% 总是存在这种情况。有 58.6% 的人有时或总是"因为看汉字比较慢，所以听完没有足够的时间回答问题"，其中 21.3% 的人总是发生这种情况。作为一个听力考试，如果汉字阅读的难度和速度影响了作答，那么听力考试就不只单纯测量了听力能力，还测量了汉字方面的能力，这显然对汉字阅读能力稍逊的学生来说是有影响的，尤其是阅读速度对学生的影响。

书写汉字的难度和速度同样对作答有影响。调查对象中 78.6% 的人有时或总是"听懂了，但是有的汉字不会写，所以不能回答得完全正确"，其中 25.3% 的人总是如此。暂且不论学生是否真的听懂了，但至少可以发现学生作答时常因为汉字不会写而无法回答，或者以拼音代替汉字。这又可能引起另一个问题：在评分时拼音是否也算正确。在实际阅卷中，当以拼音回答正确时，教师常用的方法是酌情给分，但是"酌情"的标准又常常不太明确，没有相应的规定，只取决于教师的个人主观判断。这些问题值得我们关注。

另外 69.3% 的人有时或总是"因为写汉字比较慢，所以没有足够的时间写汉字回答问题"，其中 21.3% 总是如此。可见汉字书写速度对相当多学生作答的影响也比较大。

2.4　口语考试话题提前准备的合理性

目前口语考试一般的做法是提前布置给学生若干个话题，让学生准备。考试时学生随机抽取一个题签，来表现所抽的某个话题。

据调查,绝大部分学生(选择 3 和 4 的占 88%)认为"只要准备好全部话题,就能考好考试",得出这一结果丝毫不出我们的意料,但学生对这种考试是否反映口语能力却产生分化。部分同意或同意"只要准备好全部话题,就能考好考试"的调查对象中, 有 26.7% 的人不同意"口语考试反映口语能力"。这说明虽然这种方法利于学生准备考试,但却有四分之一强的调查对象不认同这种方法的有效性。

2.5 小结

大多数调查对象认为听力考试和口语考试一定程度上能反映其听力能力和口语能力,并且也较赞同听力和口语成绩各按 50% 权重合并成的听说总分能反映其汉语交际能力,这种考试方式学生还是普遍接受的。

但是,调查对象仍普遍认为考试形式或方法应该与教学方法保持一致。传统听说分离式测验方式存在"先天"的问题。在测试听力能力时,把汉字阅读和书写的难度与速度混合进了听力测试中,影响了这方面能力较差的学生。试卷中的题目信息,如选择题的选项和题干等,能帮助学生听力理解。提供了很大的猜测空间,影响了对听说能力的测量。

绝大部分学生认为准备好全部话题就能考好口语考试,但是这些人中有 26.7% 的认为这种考试不能反映口语能力。

3 新模式试卷的开发

根据上文调查的结论及分析,本研究拟定了听说融合式这种新模式测验的设计原则、细则与题型细则。

3.1 试卷设计原则

(1)听说课程测验应测量听说交际能力,因此题型应具有交际性,尽可能排除其他能力因素（主要为汉字）对学生听说表现的影响。

（2）信息以"听"输入，以"说"表现，这种方式更贴近真实语言交际和课堂教学活动。评分时应该根据以这种方式产出的话语能判断出听懂的程度和说的优劣程度。

（3）测量《高等学校外国留学生汉语教学大纲·长期进修》规定的针对声韵调、句子、对话、语段（400 字以下）四种对象的能力。

（4）"听"和"说"测量应比重均衡。

（5）具有可操作性，主要指施测和评分的可操作性。

3.2　试卷细则

试卷共包含 5 种题型，听力材料的录音速度控制在 120～140 字 / 分之间，共用时约 45 分钟，具体见表 1。

表1　试卷细则表

题型	题数（个）	时间（分）	分项总分
听辨语音	5	4	10
听后简短回答	10	15	20
听情景，回答问题	1	3	10
根据任务，提问并总结回答	2	12	30
听语段说话	1	9	30

3.3　题型细则

对每种题型的规定，包括要求、测量目标、评分细则、例题 4 个方面，具体见表 2—表 6。

表2　听辨语音

要求	学生看两组易发生偏误的拼音，或者包含易发生偏误拼音的短句或句子，判断听到的与哪组音相同。听完后，读出选择的一组音。每题包含两个拼音写成的句子，每句平均10个音节。
测量对象	考察学生听辨声、韵、调、音变的能力及发音的准确性。
评分方法	每题共2分；判断正确得1分；口语表现最高为1分，读错一个拼音扣0.1分。
例题	听：Bàn bìyè wǎnhuì de shìr，tā yìzhí mán zhe. 选择：A. Bàn bìyè wǎnhuì de shìr，tā yìzhí mán zhe.

表3　听后简短回答

要求	先听问题，然后听三个话轮以内的对话，或者两三个长句，回答听到的问题。答案一般约10个汉字以内。
测量对象	获取具体信息、猜词、推理等能力。
评分方法	每题2分；回答内容信息正确得1分，部分正确0.5分，不正确为0分；口语表现最高为1分，说错一个拼音扣0.1分，无表现0分。
例题	问：女的上一次为什么换房间？ 男：听说你又换房间了。这一次换的房间怎么样啊？ 女：咳！这次我的同屋虽然不抽烟，可是晚上我学习的时候，她看电视。中午我休息的时候，她听音乐，更让我受不了。 参考答案：因为同屋抽烟。

表4　听情境，回答问题

要求	听一段简短的情境规定（可做笔记），听机器提问后回答。答案一般为10个汉字左右。
测量对象	日常交际能力
评分方法	每题2分；回答内容信息正确得1分，部分正确0.5分，不正确为0分；口语表现最高为1分，说错一个拼音扣0.1分，无表现0分。

例题	听情境：你是麦克，想约朋友去看法国队和美国队的足球比赛，比赛明天下午 2 点开始，你想中午 12 点在学校东门等他一起去工人体育馆看比赛。从学校可以坐地铁去工人体育馆，很方便。 听：你好麦克，你找我有什么事儿吗？ 答： 听：明天我正好有时间，比赛什么时间开始呢？ 答： 听：好的，法国队和美国队在哪儿比赛啊？ 答： 听：我刚来北京，哪儿也没去过，不知道怎么去工人体育馆啊。 答： 听：需要打的吗？我觉得打的比较方便。 答：

表5　根据任务，提问并总结回答

要求	用句了（拼音）向机器提问，获取信息，总结几个问题的答案。每个问题一般为 10 ~ 15 个汉字。
测量对象	日常交际能力
评分方法	五个提问，每个提问 1 分，说错一个拼音扣 0.1 分，无表现 0 分；总结部分共有 5 条信息，共 10 分，每条信息视正确程度给 1 分、0.5 分、0 分；说错一个音说错一个拼音扣 0.1 分，无表现 0 分。
例题	问：请问这个健身馆什么时候开业的？ Qǐng wèn zhè ge jiànshēnguǎn shénme shíhòu kāiyè de? 听：我们快乐健身馆是 2003 年 7 月 12 号开业的，这里环境优美，设备齐全。

表6　听语段说话

要求	听 400 字以下的叙述性或议论性语段，总结概括大意或评价语段中论点或看法，或者围绕问题说话。
测量对象	概括、评价、叙述、发表意见的能力
评分方法	见附录

111

续表

例题	听：小王最近发了财，新买了一辆很漂亮的车，但他从电视里常常看到发生很多交通事故，这让小王很担心自己的车也会被别人撞了，于是他决定弄一个能带来好运的车牌。他找到一个朋友帮助他，这个人很快帮他办好了这件事，拿回来了车牌。可是小王一看车牌，气坏了，原来车牌上写的号码是00544，中国人最不喜欢用"4"做车牌了，因为"4"和"死"的发音差不多，用了带数字4的车牌可能会很倒霉。可是那位朋友却笑着对小王说："小王，你先别着急啊，0作为数字我们有的时候读成'dòng'，你再读一读这个车牌：00544，它的谐音不就是'动动我试试'吗？别人一读这车牌，就知道你是一个惹不起的人，谁还敢撞你呢？"小王听了，觉得朋友说得很有道理，就用了这个车牌。果然，小王开了一个月，从来没有出过事。小王心想，这个车牌还真有用。问：在中国数字4可能有什么意思？你们国家数字也有别的意思吗？请介绍一下。

4 新模式试卷质量定性、定量研究

本研究以《成功之路·进步篇·听说课2》（以下简称《听和说2》）第1课到第10课为测试范围，拟定了一份听说融合式课程测验，并进行了相关实测研究。

4.1 测验内容的定性分析

《听和说2》以话题为纲，训练各种功能，来组织教学。第1到10课的话题涉及购物、家庭、职业、天气、环境、休闲娱乐、运动爱好、中国文化、伦理道德、社会问题等诸多方面。练习一般分为预热、听力和口语三个阶段。预热练习采用讨论、看图说话、调查表等形式；听力练习和口语练习以融合式形式为主，如听后完成会话练习，以独立开展的形式为辅，如听后填表。

根据认知心理学及其现代图示理论（modern schema theory）（朱正才、范开泰，2001），教材中听说融合式练习中有关的听力技能训练分为两个层次：①低级听力技能训练，主要训练学生听音辨义的能力；②高级听力技能训练，主要训练学生对信息的选择、预想、猜测、推理、综合、归纳及元认知能力。与听力训练相适应，口语技能的训练分为机械模仿训练和自主口语表达训练。

机械模仿训练主要是指模仿听力课文所做的复述练习；自主口语技能训练包括自述式训练、对话式训练、复杂任务式训练。如描述（一个地方）、介绍（家庭成员）、讨论并发表自己的观点、对比分析（各国的差异）等。

新模式测验共五个大题，基本涵盖了十篇课文的话题，如第二题中各小题涉及购物、家庭、职业、天气、中国文化、伦理道德等；第四大题是关于运动爱好、工作问题的。从测量的语言对象上看，第一题为声、韵、调，第二题为简短对话，第三题和第四题为完整较长的对话，第五题为语段，能够符合《大纲》的要求和规定。

从测量的语言技能来看，第一题"听辨语音"测查了留学生在句子中的声韵调难点音的辨别能力和语音的准确性。第二、三、四、五题重点测查的高级别的听力能力，如信息的选择、预想、猜测、推理、综合、归纳等，还测查了高级别的口语能力，如第四题在对话中的机械模仿测试（提问规定的句子），第五题的自述口语表达能力（中国人为什么不喜欢数字4，并对比自己国家的数字文化现象）。因此，新模式的测试范围、测试内容、测试对象符合教材教学内容的要求。

4.2 测验的定量分析

4.2.1 实验设计与实施

参加试测的学生为 2010 年第一学期 1152 班学生，共 12 人。测验通过人机对话、电脑录音为主，纸笔提问为辅的考试方式，记录下学生的口语表现。其中纸笔式问题为第一大题"听辨语音"中的选择，选项全采用拼音，无汉字干扰。两位教授此课程的专业教师作为评分员，根据学生的口语表现，按照题目评分要求与《口语表现评分标准》独立评分。测试分数由两部分构成：听力分、口语分，两者共同构成学生测试总分。实验的主要目的有三：①分析评分员间评定听力分、口语分、总分三方面的一致性和差异；②分析试卷的信度；③分析试卷的效度，以教师的学生排名为校标，分析学生总分与教师排名的一致性。

4.2.2 数据与分析

1.评分员间评定听力分、口语分、总分三方面的一致性和差异

根据学生的口语表现，按照题型评分要求和《口语表现评分标准》，本研究获得学生在听力和口语两个维度上的分数。为了验证评分员之间评分的一致性、可靠性，本文分别检验了评分员所给的两组听力分之间、两组口语分之间和两组总分之间的皮尔逊相关系数，计算结果分别为 0.83、0.80、0.82，都在 0.01 置信水平下显著，都达到了 0.80。这说明虽然两个评分员是彼此独立评分，但他们对学生各部分的评分都是高相关，有很强的一致性。但是未达到 0.90 以上的理想状态，原因可能有二：①样本数较少；②评分标准还存在问题。这仍需在后续研究中，继续完善。

本研究使用配对样本平均数 T 检验方法，将两个评分员的听力分、口语分、总分进行配对，检验每对学生平均数的差异，以说明评分员之间的差异。表 7 中"听力 1""听力 2"分别代表评分员 1 与评分员 2 的评分，"口语 1""口语 2"和"总分 1""总分 2"代表的意义可类推。

表7　配对样本平均数差异 T 检验

	配对差异					T	自由度	显著性（双尾）
	平均数	标准差	标准误	差异的95% 置信区间				
				下限	上限			
听力 1—听力 2	1.275	3.657	1.056	−1.049	3.599	1.208	11	0.252
口语 1—口语 2	−8.892	3.702	1.069	−11.244	−6.540	−8.321	11	0.000
总分 1—总分 2	−7.618	7.176	2.071	−12.176	−3.057	−3.677	11	0.004

两个评分员的听力分，差值为 1.275，显著性为 0.252，高于 0.01，接受原假设，两者的听力分在统计上无显著差异，这说明听力分不仅整体一致性强，而且没有具体的显著差异，从侧面说明测验通过口语表现评定学生的听力能力这一做法可行可靠。

口语间、总分间的差值分别为 −8.89、−7.62，显著性为 0.00、0.004，都在 0.05 水平下显著，拒绝原假设，两者间存在显著差异，说明口语分虽然整体一致性强，但两个评分员对口语的评分有显著差异，这又直接导致总分也出现这一情况，这说明两个评分员能有效区分学生口语能力的相对优劣，给予学生一致性强的排名，但对学生口语能力具体优劣的程度，即具体得分，还存在差异。导致的原因可能有二：①评分标准不够具体；②缺乏评分员培训，对口语评分的等级理解不一致，这一问题有待后续研究。

2. 试卷的信度

Cronbach 系数的大小表明了试卷内部各题的一致性程度。系数越大，一致性程度越高，测试越可靠。新模式试卷共有 5 个大题，分别为"听辨语音""听后简短回答""听情境，对话回答问题""根据任务，对话提问，总结回答""听语段说话"。其中第四大题分两部分，题型一样，所以实际上整个试卷包括 6 个半主观题。因为有两个评分员各自独立评分，所以实验采用分别计算基于两套分数的 Cronbach 系数，然后再求平均数的方法。

表8　信度系数

评分员	哥伦巴赫系数	题数
1	0.861	6
2	0.830	6

表中两个系数的平均值为 0.846，对于半主观型试卷，测验信度已经较为理想，说明测验的可靠性和稳定性较高。

3. 试卷的效度

学生的听说测验得分为两个评分员给分的平均分，为验证学生听说成绩的有效性（效度），实验使用任课教师对学生听说能力的排名作为效标，比较测验得分和学生排名间的关联性。排名数据为等级数据，本研究把学生听说成绩按实际得分情况转换成等级数据，使用 SPSS13.0 来计算斯皮尔曼等级相关系数。计算结果为 0.902，在 0.01 水平上显著。教师给学生的排名代表了教师对学生听说能力的综合评价，与其保持显著高相关，说明学生的听说成绩能有效反映其听说能力。

5　结论

汉语听说课，如《成功之路·进步篇·听说课》一般采用听力测验和口语测验两个独立分测验的形式测试学生的听说能力，这种形式忽略了具体交际中听说并用的语言实际。听说融合式测验打破了这种传统测试方式中听说分离的藩篱，符合语言运用的真实性和交际性原则，也更符合汉语听说课的教学内容、方式，有更高的构想效度和内容效度。

新测验是半主观型试卷，Cronbach 系数为 0.846，信度较高，有较高的可靠性。学生新模式测验的听说成绩与任课教师的学生排名之间的效标关联系数（斯皮尔曼等级系数）为 0.902，在 0.01 水平上显著，测验对评定学生的听说能力有较高效度。

在缺乏培训的情况下，评分员独立评分，听力、口语、总分三部分的分数，评分员间的一致性系数都高于 0.80，试卷和评分标准能有效区分学生听说能力的优劣和等级，但是具体的优劣程度（即得分的绝对数值差异），除听力分在统计上无差异外，口语和总分存在统计上的显著差异。口语分的差异可能是由于缺乏评分员培训所致，也可能是因为口语评分细则不够具体，还需要进一步研究。

附录

口语表现评分表

评分项	描述	细则（只作参考使用）	得分（分）
语音	标准无误		7
	无系统性错误，偶有失误	失误3（含）以内	6.5
		失误3次以上	6
	有系统性错误，夹杂其他失误，不影响辨别和理解	有1类系统错误，3次（含）失误以内	5.5
		有1类系统错误，3次失误以上	5
		有2类系统错误，3次（含）失误以内	4.5
		有2类系统错误，3次失误以上	4
	语音错误较严重，仍基本可以辨别	有3类系统错误，3次（含）失误以内	3.5
		有3类系统错误，3次失误以上	3
		有3类以上系统错误，其他失误较少	2.5
		有3类以上系统错误，其他失误较大	2
	语音错误严重，极少部分发音可辨别		1
	无法辨别		0
词汇	用词无错误，准确，丰富		7
	无错误，准确，不太丰富		6
	用词有较少错误	错误2次（含）以内	5
		错误4次（含）以内	4
	用词有较多错误，基本可理解	错误6次（含）以内	3
		错误6次以上	2
	表达零散，只能猜测出极少部分词义		1
	无法理解		0

117

续表

评分项	描述	细则（只作参考使用）	得分（分）
语法	结构无错误，准确，结构复杂丰富		7
	结构无错误，准确，结构不复杂		6
	结构有较少错误	错误 2 次（含）以内	5
		错误 4 次（含）以内	4
	结构有较多错误，可基本理解	错误 6 次（含）以内	3
		错误 6 次以上	2
	不能成句表达，谈不上结构		1
	无法理解		0
流利	自然流畅，语速正常	无不正常停顿、重复、自我修正	5
	较流畅，语速正常	2 次（含）以下不正常停顿、重复或修正	4
	不太流畅	4 次（含）以下不正常停顿、重复或修正	3
	不流畅，表达断断续续	6 次（含）以下不正常停顿、重复或修正	2
	很不流畅，语速很慢	6 次以上不正常停顿、重复或修正	1
	无法表达		0
内容	切题，完整		4
	基本切题		3
	不太切题		2
	不切题		1
	无表达内容		0
长度		6 句（含）以上	不扣分
		少于 6 句话时，每少 1 句	扣 2 分

来华留学预科生专业汉语听记能力的测试与比较[*]

1 引言

《中国教育部关于对中国政府奖学金本科来华留学生开展预科教育的通知》（以下简称《通知》）阐明了预科教育的培养对象和目标、课程设置及教学方式、考核方式等。预科生的专业分三类：理学、工学、农学、医学（中医药专业除外）；经济学、法学、管理学、教育学等；文学、历史学、哲学及中医药学科（以下简称"文科类"）。预科生的语言类课程"主要包括普通汉语和科技汉语（或商务汉语）两类，包括汉语综合课、听力课、阅读课、口语课、写作课和科技汉语阅读课、科技汉语听记课"（国家留学基金委，2009）。相对于"普通汉语"，"科技汉语（或商务汉语）"是专业汉语，主要通过"科技汉语阅读课"和"科技汉语听记课"两门课进行教学。在考核方式上，将逐步实行主干课程全国统一考核标准。

北京语言大学汉语进修学院负责制定了"专业汉语（文科类）课程教学大纲（草稿）"（以下简称《大纲》）。"大纲"规定专业汉语（文科类）由"专业汉语阅读课"和"专业汉语听记课"两门课组成，教学内容主要涉及政治、经济、管理等人文社科方面的文章，重点讲练常用的专业词汇和句式。"专业汉语听记课"旨在"训练培养学生汉语听记的策略和技能"（北京语言大学汉语进修学院，2013），目前承担来华留学预科教育的大学中，只有北京语言大

---

[*] 原文载于《考试研究》2015年第1期。

学开设了这门课，使用教材《科普汉语听记》（蒋以亮，2010），经多年教学摸索，已形成了一套较为有效的教学方法，但这门课测试方式的研究却较为薄弱，更谈不上在全国范围实行统一的考核标准。为此，本文对专业汉语听记能力的测试进行研究，希冀为实现"全国统一考核标准"这一目标提供参考。

2 专业汉语听记能力测试的总体设计

测试是一个系统工程，需要从测试内容、能力构想、题型、评分方式等方面进行总体设计。《大纲》规定专业汉语（文科类）课程分为"专业汉语阅读课"和"专业汉语听记课"两门课，所以专业汉语（文科类）课程的考试由《专业汉语阅读》和《专业汉语听记》两套独立的分测验合并组成，试卷总分 80 分，施测时先考听记后考阅读，共需约 90 分钟。其中，《专业汉语听记》分测验需时 30 分钟左右，总分 20 分。

2.1 测试性质、内容与能力要求

《专业汉语听记》考查学生对汉语语段、语篇的理解能力和基本的听后记录、整理能力，命题要求"60%～70%的题为教学内容，其余为与课堂教学相关内容"（北京语言大学汉语进修学院，2013）。从本质上讲，《专业汉语听记》测验是"专业汉语听记课"的课程测验，属标准参照性测验。Gronlund（1988）认为标准参照性测验为：可用定义明确且边界分明的学习作业域来解释所测表现的测验。标准参照性测验有一个明确的考试范围，应用于专业汉语听记课，"这个范围就是我们教学大纲和课程安排中所规定的详细具体的教学目标、教学内容等"（张军，2013）。

"专业汉语听记课"使用教材《科普汉语听记》，考试内容应该覆盖教材中课程所要求的主要教学内容，包括入门训练、数学与生活、计算机和网络、经济学基础和社会学基础五个单元。在测试能力上，应以预科生的专业汉语

听记能力为考查对象，这种能力是预科生顺利进入专业院校进行学习所必需的，具体包括捕捉细节信息的能力、把握谈话主题的能力、概括段意的能力、提炼关键句的能力和边听课边记笔记的能力等若干种微技能。

2.2　题型、题数与计分方式

专业汉语听记能力由若干种微技能组成，试卷分别采用三种题型，有针对性地测量这些微技能。每个题型的题数、计分方法、分值及测量能力见表 1。

表1　题型设计表

题型	计分方式	题数	分值	测试能力
听短文选择正确答案	二级计分	3 个	每个 2 分	提炼主题、把握谈论对象的能力；捕捉具体信息的能力
听短文选择主要意思	二级计分	3 个	每个 2 分	概括段落大意的能力
听短文补充整理笔记	多级计分	4 个	每个 2 分	提炼关键句的能力边听边记的能力

前两个题型是选择题，每个小题有 3 个选项，分值 2 分，采用二级计分，即答对得 2 分，答错 0 分。第三个题型为多级计分，要求学生听短文后，按照短文内容，整理补充完整四个关键句。四个关键句相当于 4 个小题，每题视学生作答情况，分 0、1、2 分三档计分。

2.3　测试形式

"专业汉语听记课"进行课堂教学时，模拟大学专业院校教师授课的情况，力图为学生构造一个真实的上专业课的情境，通过这种情景模拟的教学方式，训练学生用汉语听记的能力和策略。为保证《专业汉语听记》考试的内容效度，测试形式与平时教学形式保持一致。

主考人员以考试的听力文本为教学内容，模拟专业课的授课情境，以自然真实的说话语调讲读，平均语速为 120 ～ 140 字 / 分钟左右。文本中的关键词、关键句、中心思想句等信息，在讲读时可适当强调、突出，如重读、重复、提高音量或辅之以板书等。具体要求见表2。

表2　试题时间分配表

题型	听力	平均	讲读	每篇文本讲读时间	语速	答题时间
	文本数	字数	遍数			
听短文选择正确答案	3	140字	2	1分钟	120～140字/分	30秒
				1分钟		（可适当延长）
听短文选择主要意思	3	120字	2	1分钟	120～140字/分	30秒
				1分钟		（可适当延长）
听短文补充整理笔记	1	250字	2	3分钟	120～140字/分（较慢）	6分半钟
				2分钟	120～140字/分	
小计	考试时间约30分钟					

3　实验研究与分析

为论证《专业汉语听记》考试的可行性和科学性，实施本实验。考试试卷由北京语言大学汉语进修学院按照《通知》和《大纲》的规定，以专业汉语听记能力测试的总体设计为指导，命题制成。参加实验的文科类预科生被试共210人，其中北京语言大学117人、南京师范大学30人、华中师范大学63人。2013年6月20日三所大学以相同的测试实施要求分别进行施测。

实验希望解决两个问题：第一，试卷是否符合测试要求；第二，不同预科生子群体间是否存在差异。

3.1　试卷质量

试卷质量关乎测试的成败，一般应从内容、难度、区分度、信度等多个方面进行评价。

3.1.1 内容分析

效度是衡量测试的重要方面，Messick（1995）提出了 6 种收集效度证据的方法，内容分析就是其中之一。良好的标准参照性测验应以教学内容为主要测试内容，并保证对教学内容有一定的覆盖率。

本试卷有三个大题，共含 10 个小题，具体测试内容与能力要求见表 3。

表3 测试内容与能力要求

题目		测试内容	能力要求
第一大题	第 1 小题	专业汉语词汇特点	提炼主题的能力
	第 2 小题	集合的定义	把握谈论对象的能力
	第 3 小题	网络传媒与传统传媒	捕捉具体信息的能力
第二大题	第 1 小题	邮票知识	概括段落大意的能力
	第 2 小题	经济学的"机会成本"	
	第 3 小题	电子邮件与普通邮件	
第三大题	补充 4 个不完整的句子	互联网发展如何影响人际关系与社会结构	提炼关键句的能力边听边记的能力

从测试内容来看，试卷涉及专业汉语词汇、数学与生活、计算机和网络、经济学和社会学等范围，对主要教学内容有较全面的覆盖。从能力要求来看，学生正确作答试卷，需要掌握捕捉具体信息、把握主题、归纳主要意思、提炼关键词句、边听边记等能力，所以试卷在内容和能力要求上符合测试需求。

3.1.2 难度和区分度

难度是试卷（试题）的难易程度。对二级计分的题目而言，难度是题目的通过率，即答对人数除以总人数；对多级计分的题目来说，难度为所有被试在题目上的平均得分除以题目总分。难度值越大，题目越容易。

区分度是题目区分被试能力高低的性能，一般通过计算题目得分与总分的二列相关系数获得。试卷共包含 10 个小题，按顺序分别以 item1、item2、……item10 标示，题目的难度、区分度见表 4。

表4　难度和区分度

题目	item1	item2	item3	item4	item5	item6	item7	Item8	item9	item10
难度	0.63	0.54	0.59	0.43	0.59	0.42	0.56	0.5	0.16	0.83
区分度（二列相关系数）	0.56	0.28	0.46	0.47	0.34	0.49	0.6	0.66	0.51	0.37

试卷平均难度是 0.525，其中第 9 题最难（0.16），第 10 题最容易（0.83）；区分度的平均值是 0.47，区分度最好的是第 8 题，最差的是第 2 题。理想试卷主要以中等难度的试题为主，并包含少部分偏易和偏难的试题。从难度系数看，本试卷难度控制适当。区分度高于 0.3，试题就被认为具有良好的区分性能，所以本试卷对被试的听记能力具有非常好的区分能力。

3.1.3　信度

本试卷只是《专业汉语》（文科类）考试的其中一部分，所以单独对本试卷进行的信度分析只作为一个参考。信度是衡量试卷最重要的指标之一，通常采用 Cronbach 系数表示信度。信度系数越高，试卷测量的性能越稳定。用于实际测试用途的客观试卷一般要求信度达到 0.9 以上，既有客观题，又有主观题的试卷应不低于 0.8。本试卷 Cronbach 系数为 0.614，低于使用要求，信度较差。这是因为信度的计算方式与试题数量有直接关系。若试题数量少，必然会导致信度系数低。

为进一步考察试卷测量不同能力水平被试时的稳定性，本研究运用非参数项目理论，采用软件 Testgraf98（Ramsay，2000）计算试卷的信度。图 1 的横坐标为被试的期望总分，纵坐标为信度系数。图中的拱形实线为试卷信度曲线，虚竖线表示获得某分数以下的被试比例，如 5% 的虚竖线表示得 4 分以下的被试占全部被试的 5%。

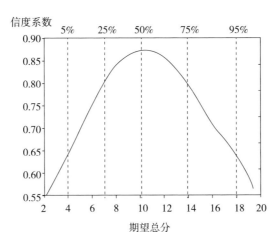

图1　试卷信度曲线

由图 1 可知，试卷对获得 7—14 分的被试，信度系数达到 0.85 以上，稳定性很好。但对 4 分以下或 18 分以上的被试，稳定性降到了 0.6 左右，这是由此分数段的考生数量少，试卷中偏难或偏易的题目较少这两个因素造成的。由于《专业汉语听记》分测验是《专业汉语》（文科类）测验的一部分，所以信度系数 0.614 已经非常理想。

3.1.4　题型

试卷包含三种题型，分别用于测量预科生听记能力的几种微技能。考生在每种题型上的得分，代表其某种（些）微技能的水平；考生在整个试卷上的得分，代表其专业汉语听记能力。如果某题型能较好地测量到听记能力的某种（些）微技能，那么考生在某题型上的得分应与试卷总分保持高相关。

T1 表示第一种题型，T2 表示第二种题型，T3 表示第三种题型，被试在三种题型上的得分与总分的相关系数见表 5。

表5 各题型得分与总分的相关系数

		T1	T2	T3
总分	皮尔逊相关系数显著性（双尾）样本数	0.701**	0.687**	0.747**
		0.000	0.000	0.000
		210	210	210

** 在 0.01 水平上显著（双尾）

相关系数都在 0.7 左右，在 0.01 水平下显著，可见三种题型能够较好地测量听记能力。

3.1.5 试题选项分析

一个优良的试题能甄别被试的能力高低，被试能力愈高，其正确回答的概率愈大。同时试题的迷惑项（错误选项）应具有一定的迷惑性，如果被试缺乏某些知识、欠缺某些能力，那么他对听力内容的理解就存在偏差或听得不全面，就会倾向于选择某个迷惑项。所以一个好题目，不仅正确选项设置恰当，而且错误选项也应合理设定，具有不同能力水平的被试选择试题各选项的概率可能是不同的。本研究使用软件 Testgraf98，分析被试听记能力与被试选择题目中各选项的概率关系。从图 2 到图 7 为第 1 到第 6 小题的"选项特征曲线"，其中横坐标是被试的期望分数，纵坐标为被试选择某选项的概率。选项 1、2、3 分别代表选项 A、B、C。

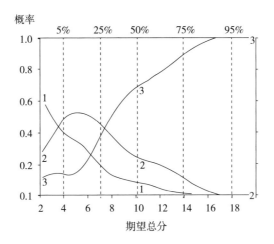

图2　item 1

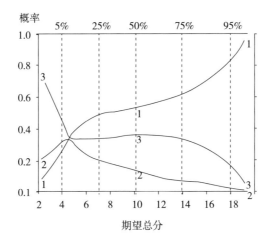

图3　item 2

　　第 1 小题的正确选项是 C，图 2 中被试随着能力的增加，选择 C 的概率越来越大。处于 4—7 分的被试更倾向于选择 B，低于 4 分的更愿意选择 A。选项 C 是听力内容的主题，选项 B 是听力中出现的关键词"科学"，选项 A 是各门科学的迷惑性表述"专业"。结合第 1 小题的测试内容分析，被试能力越高，就越能正确理解听力主题是关于"词汇"的；而能力较低的被试只能从听力内容获得"科学"这部分信息，或被相关表述所迷惑，没有正确把握听力的主题。

第 2 小题的正确选项为 A，这个选项对 7—14 分这一分数段的被试区分力不强，曲线比较平坦。选项 C 有较大的迷惑性，这可能是因为被试在听时关注到"集合"和"元素"的性质这一局部信息。

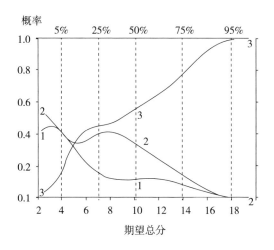

图4　item 3

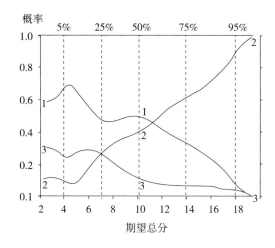

图5　item 4

　　第 3、4 小题的正确选项分别是 C 和 B，图 4 和图 5 中被试随着能力的增加，选择正确选项的概率越来越大。第 3 小题中的选项 B"社会影响"和第 4 小题中的选项 A"邮票反应了各国的特点"都有一定迷惑性。这两个选项都反映了听力内容的局部信息，说明选择此选项的学生只获取了部分信息，理解概括整体的能力较差。

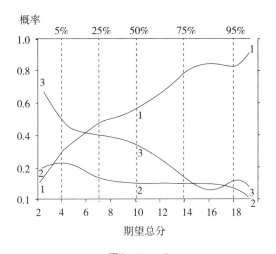

图6　item 5

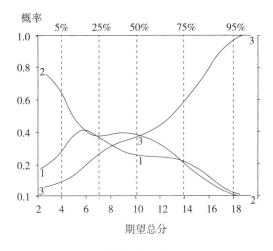

图7　item 6

第 5、6 小题的正确选项是 A 和 C，它们都很好地区分了被试能力。第 5 小题的选项 C "生活中有很多机会成本的例子"，第 6 题的选项 A "电子邮件是一种信息服务"和选项 B "越来越多人使用电子邮件"也反映了听力内容的部分信息，所以也对被试造成了较大的迷惑性。但是第 5 题的选项 B "要根据机会成本的大小做选择"对所有能力水平的被试迷惑性不大，需要修改。

从上面 6 个题的选项分析可总结出，这 6 个题都能很好地区分被试。听力能力越高的被试越能从听力内容中概括出主题，提炼出主要意思；相反，听力较差的被试会过多地依靠听力内容中捕捉到的某些词，获得某些局部信息，从整体上把握听力内容的能力较差。

概括大意、把握主题是听专业课的重要听力技能。这些题能很好地测量学生这方面的能力，适用于对预科生专业汉语听记能力的甄别。

从图 8 到图 11 为第 7 到第 10 小题的"选项特征曲线"，这四个题为多级评分，选项 0、1、2 分别表示三个等级的分数。

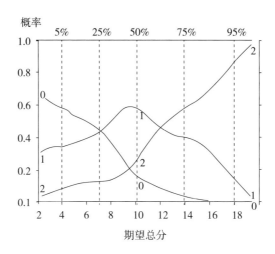

图8　item 7

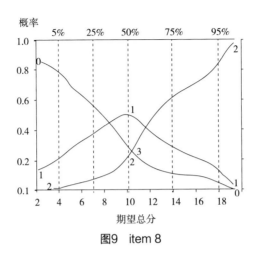

图9　item 8

第 7、8 小题的选项特征曲线说明被试能力越高，其得 2 分的概率也越高；中间分数段的学生更容易得 1，这符合其中等能力水平的特征。这两个题的考点分别是"提高工作效率"和"积极的作用"，能力高的学生都能写得很准确，汉字也能写对；中等能力的学生有的听懂了，但是某些汉字不会写，写成了别字或用拼音代替，如"提高工作效率"写成"提高工作 xiaolü"或"提高工作小路"。有的学生捕捉到了这个信息，但是又不能完全正确理解，所以填写的答案都是同音字，如"积极的作用"写成"jiji 得做用"。

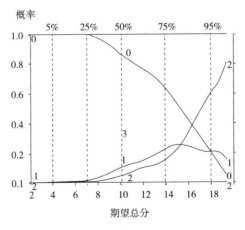

图10　item 9

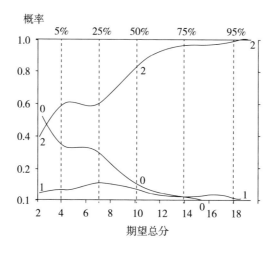

图11　item 10

第 9 题的曲线位置偏右，说明这个题目非常难，只有能力相当高的被试能得 2 分，能力中等和较低的被试绝大多数得了 0 分，获得 1 分的被试也很少。这个题目的考点是"真实世界"，从内容上分析，这个考点比较抽象，难以理解，所以即使听到了也未必能听懂，鲜有人能答对。

第 10 题中被试得 2 分的概率很高，说明这个题非常容易。这个题目的答案是"重要问题"，这个考点比较明晰，容易听懂，汉字也常用常写，相对较容易。

3.2　被试群体分析

三所大学的预科生都经国家留学基金委从各国选拔后，在中国学习了一年时间，理论上这三所大学的预科生是来华留学预科生这个总体的随机样本。经单样本柯尔莫诺夫-斯米尔诺夫检验，$P = 0.082$，大于 0.05，由 210 人组成预科生被试群体的专业汉语听记能力呈正态分布。其分布情况见图 12。

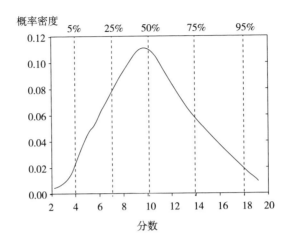

图12 三所大学预科生能力分布

北京语言大学开设了专业汉语听记的相关课程，使用教材《科普听记》，另外两所大学未开设相关课程，但不使用这本教材。换言之，北京语言大学预科生子群体与另两所大学的两个子群体，在参加此次考试前实施了不同的实验处理。为进一步研究三个子群体的专业汉语听记能力是否存在差异，开设"专业汉语听记课"是否有利于提高来华留学预科生的听记能力，本实验以北京语言大学预科生这个子群体为实验组，以另两所大学的子群体为参照组，进行单因素方差分析。

北京语言大学、华中师范大学、南京师范大学三所学校的预科生分别是三个来华留学预科生随机样本，开设"专业汉语听记课"是实验处理。经方差齐性检验，Levene 统计量为 2.176，P=0.116，大于 0.05，说明三个子群体的方差齐性。经单因素方差分析（见表6），组间均方为157.909，F=9.556，在 0.01 水平上显著，所以三个预科生群体在"专业汉语听记能力"上有差异。

表6　单因素方差分析

	平方和	自由度	均方	F 值	显著性
组间方差	35.818	2	157.909	9.556	.000
组内方差	3420.663	207	16.525		
总方差	3736.481	209			

　　具体而言，北京语言大学子群体的平均得分为 11.53，南京师范大学子群体的平均分是 8.27，华中师范大学子群体的平均分为 9.68。三个子群体两两之间方差齐性，经平均数 T 检验，北京语言大学预科生群体的平均得分，在 0.01 水平显著高于其他两校，而其他两校的两个子群体的平均得分在统计上无差别（见表 7a、表 7b、表 7c）。

表7a　北京语言大学与南京师范大学子群体平均数T检验

		Levene		平均数 T 检验						
		F 值	显著性	T 值	自由度	显著性（双尾）	均值差异	均值差异的标准误	95% 置信区间	
							差异	的标准误	下限	上限
分数	假定方差齐性	1.515	0.22	3.752	145	0	3.263	0.87	1.544	4.982
	假定方差不齐			4.113	51.251	0	3.263	0.793	1.67	4.856

表7b　北京语言大学与华中师范大学子群体平均数T检验

		Levene		平均数 T 检验						
		F 值	显著性	T 值	自由度	显著性（双尾）	均值差异	均值差异的标准误	95% 置信区间	
							差异	的标准误	下限	上限
分数	假定方差齐性	3.652	0.058	2.873	178	0.005	1.847	0.643	0.578	3.116
	假定方差不齐			3.044	149.29	0.003	1.847	0.607	0.648	3.047

表7c　南京师范大学与华中师范大学子群体平均数T检验

		Levene		平均数 T 检验						
		F 值	显著性	T 值	自由度	显著性（双尾）	均值差异	均值差异的标准误	95% 置信区间 下限	上限
分数	假定方差齐性	0.038	0.845	−1.752	91	0.083	−1.416	0.808	−3.021	0.189
	假定方差不齐			−1.728	55.138	0.09	−1.416	0.82	−3.058	0.227

北京语言大学预科生群体在专业汉语听记能力上优于其他两个子群体，这说明开设"专业汉语听记课"有利于提高来华留学预科生的专业汉语听记能力。

4　总结

《专业汉语听记》分测验属于标准参照性测验，是《专业汉语》（文科类）考试组成部分。《专业汉语听记》测试内容覆盖了"专业汉语听记课"的主要教学内容，测量了专业汉语听记能力。试卷平均难度为 0.525，难度适中；平均区分度为 0.47，区分被试听记能力的性能非常理想；试卷测量期望得分为 7—14 分的被试的信度达到 0.85 以上，虽然试卷 Cronbach 系数为 0.614，不太理想，这是由试题数量过少造成的，但作为《专业汉语》（文科类）考试的一部分，信度系数获得 0.614 已经非常理想。试卷的三种题型能较好地测量专业汉语听记能力，而且各试题的选项设置也很科学，所以用这套分测验测量来华留学预科生的专业汉语听记能力是科学的、可行的。

三所大学全体预科生的专业汉语听记能力呈正态分布。三所大学的三个预科生子群体是全体来华留学预科生的三个随机样本，开设"专业汉语听记课"

是实验处理，北京语言大学子群体的专业汉语听记能力在统计上显著优于其他两个子群体，而其他两个子群体间无差异，这说明开设"专业汉语听记课"有利于提高预科生的专业汉语听记能力。

基于NIRT的课程测验群体诊断分析

课程测试是对外汉语教学中不可或缺的一环，课程测试的设计科学与否直接关系到能否为教学提供有效的反馈以及能否给予学生科学的评价。课程测验本质上属于标准参照测验。标准参照性测验理论发端于 20 世纪 60 年代，自面世之日起，就受到教育学家、教学法专家、测量学家和教师的青睐（张凯，2002）。Gronlund（1988）曾将标准参照性测验定义为：可用定义明确且边界分明的学习作业域来解释所测表现的测验。与常模参照性测验相比，标准参照性测验不设立常模，参照的是一个由定义良好、明确的"标准行为"构成的范围。应用于对外汉语教学，这个范围就是教学大纲和课程安排中所规定的具体的教学目标、教学内容等。

1　双单调模型简介

非参数型项目反应理论（Nonparametric Item Response Theory，NIRT）使用不含参数的模型解释被试潜在能力与其反应的关系，因此，NIRT 模型无需估计模型参数，形式更灵活，非常适于描写课程测验、人格测验等小规模测验（张军，2010）。Mokken（1971）基于四个基本假设提出双单调模型（The Double Monotonicity Model，DMM）。模型的基本假设分别为单维性、局部独立性、单调性、非交叉性。

为叙述方便，假定某测验有 J 个 0/1 计分的项目，$X=(x_1, x_2, \cdots x_j)$ 为

被试反应向量。单维性假设指测验的所有项目只测量某种潜在特质 θ。局部独立性假设指某被试答对某项目的概率 $P_j(\theta)$ 不受其他被试或项目的影响，被试反应向量的概率是被试作答每个项目反应概率的连乘。这两个假设都非常严格，很难满足和证明，在实践中多采用弱单维性假设与弱局部独立性假设。弱单维性假设指虽然测验存在若干种潜在特质，但只有一种"主导能力"主要影响着被试的表现，所以弱单维性也称为"本质单维性（essential undimensionality）。若局部独立性满足，那么给定任意一个能力值 θ，两个项目的协方差等于 0，即 $\text{Cov}(X_i, X_j \mid \theta) = 0$。因为所有项目测量了相同的特质，而且被试可能具有不同的 θ 值，所以两个项目的协方差大于 0，即 $\text{Cov}(X_i, X_j \mid \theta) > 0$，这就是弱局部独立性。弱局部独立性是局部独立性的必要条件，比局部独立性更易证明。如无特别说明，下文所指单维性和局部独立性均为弱假设形式。

单调性假设指被试答对概率 $P_j(\theta)$ 随着 θ 水平的提高而增大，假若存在两个潜在能力值 θ_a 和 θ_b，且 $\theta_a \leqslant \theta_b$，那么 $P(X_j = 1 \mid \theta = \theta_a) \leqslant P(X_i = 1 \mid \theta = \theta_b)$。当依据难度（即通过率）对所有题目的难易程度排序时，如果排序在潜在特质 θ 所有取值条件下都不变（如图 1a），那么题目就满足非交叉性假设，否则就违反非交叉性假设（如图 1b）。

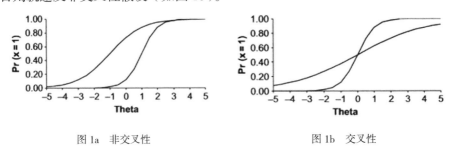

图 1a　非交叉性　　　　　　　　　　图 1b　交叉性

使用满足非交叉性假设的题目进行施测，有利于对考试分数的解释。相反，符合交叉性假设的题目可能会给分数解释带来困难。如图 1b 所示，假设有两个学生玛丽和麦克，其 theta 值分别为 –2 和 2，那么对能力较低的玛丽来说，第2题比第1题容易，但对能力较高的麦克来说，第1题反而比第2题容易。因此，如果玛丽和麦克在由交叉性题目组成的试卷中分别获得70分和80分时，那么，我们很难解释说麦克在题目所测内容或相应语法点的掌握情况都优于玛丽。相反，如果这份试卷的题目都满足非交叉性假设，如图1a所示，那么我们在解释分数时就有理由认为麦克对相应语法点的学习效果好于玛丽。

2　构建DMM量表

构建DMM量表的过程就是检验单维性、局部独立性、单调性、非交叉性四个假设的过程，需要我们从待选题目中挑选出能同时满足这些假设的题目。

2.1　方法

对于单维性和局部独立性假设，Mokken采用了Loveinger（1947）提出的量表适宜性系数H（scalability coefficients）来检验。Sijtsma, Emons, Bouwmeester & Ivan（2008）认为H系数的取值取决于项目区分度、难度分布与潜在变量分布的交互作用。项目难度分布、区分度分布和被试群体的能力分布这三个因素交互影响着H系数，这个系数是一个能综合反映项目性能的统计量（张军，2015）。根据Mokken的建议，H系数不能低于0.3，否则就不能满足单维性和局部独立性假设。

对单调性假设的检验，我们根据Junker和Sijtsma（2001）的建议，检验题目的外显单调性。另外，本研究使用Mokken提出的Pmatrix和restscore两种方法检验题目的非交叉性。以上检验程序均使用R中2.7.5版本的mokken软件包，分析时使用软件函数的默认设置。

2.2 结果

本研究将 DMM 运用于北京语言大学汉语进修学院某次课程测验的分析。试卷为汉语进修学院 2010 年 1 月期末考试使用的《起步篇 1—28 课（语法）试卷》，共含 67 个试题，0/1 计分。参加考试的是该学院 2009—2010 年第一学期 20 个班的学生，班级代码为从 1001 到 1020，共 401 人。具体题型、题数见表 1。

表1 题型和题数

题型	题数	计分方法	总分
选词填空	20		20
给 ( ) 中的词语选择适当的位置	14		14
选择正确的句子	14	0/1 计分	14
用下列疑问代词就划线部分提问	8		8
用下列疑问代词就划线部分提问	11		11
合计	67		67

经检验，整套试卷的 H 系数为 0.4，所有题目不仅满足单维性和局部独立性假设，而且性能较好，另外 67 个项目也全部满足单调性假设。

研究使用 Pmatrix 和 restscore 两种方法检验题目的非交叉性假设。Molenaar 等（2000）提出统计量 Crit 来侦测项目是否违反非交叉性假设，当 Crit > 80，题目就违反了非交叉性假设。根据他的建议，通过这两种方法检验并满足假设的题目分别为 22 个和 28 个，其中有 20 个题的检验结果一致，分别为第 1、2、3、4、8、9、10、15、16、17、18、19、21、22、28、33、38、40、56、57 题，这些题的 Crit 都小于 80。本实验使用这 20 个题构建出 DMM 量表，这种做法虽然会减少量表的题目数量，但是可靠性却更高。

2.3　测试内容

课程测验本质上属于标准参照测验，测试内容是根据一个定义良好的教学内容或大纲决定的，也就是说，所教即所考，课程测验考的是教学大纲和课程安排中所规定的具体的教学目标、教学内容等。这样一来，我们就可以根据题目所测的具体测试内容，对学生的分数进行解释，给学生个体或群体提供更细致的诊断和反馈。这 20 个题的题型与测试的语法点详见下表。

表2　题目的题型与测试语法点

题型	题号	测试语法点
选词填空	1	否定副词"不"和"没"的辨析（在形容词做谓语的正反问句中的用法）
	2	数词"二"和"两"的辨析
	3	量词"口"和"位"的辨析
	4	"很"和"太"的辨析；"太……了"结构
	8	"离"和"到"的辨析
	9	"从"和"往"的辨析
	10	"给"和"跟"的辨析
	15	"吗"和"呢"的辨析
	16	"吗"和"吧"的辨析
	17	"这么"和"怎么"的辨析
	18	"那"和"那儿"的辨析
	19	"怎么"和"怎么样"的辨析
给（　）中的词语选择适当的位置	21	副词"也"的语法位置
	22	连词"和"的语法位置
	28	副词"常常"的语法位置
	33	介词"在"的语法位置

题型	题号	测试语法点
选择正确的句子	38	双宾语句语序
	40	现在时动词作谓语的否定陈述句的语序
用下列疑问代词就划线部分提问	56	用"哪"提问时间
用下列疑问代词就划线部分提问	57	用"吗"的一般疑问句

3　学生群体的诊断分析

第二语言学习者的学习态度、年龄、性别、性格、语言学能、学习动机、认知风格、学习策略等个体差异因素影响其习得效果（Ellis，1994）。这些因素不仅具有鲜明的个体特色，而且还具有群体特征，如不同性别、学习背景的学习者群体有不同习得特点和学习效果。王雪梅（2006）通过问卷调查，对 105 名英语专业学生的语言能力和语用能力的性别差异进行探究，发现在听力、阅读、写作等方面不存在性别差异，而在口语和语用方面，女生要在一定程度上优于男生。Wray（2001）指出早期有关语法、词汇、发音等方面的一些研究表明女性在语言习得方面比男性要快要好。因此，本文将性别作为一个可能的影响因素，探索不同性别的学生群体对量表中测试语法点的掌握情况是否有差别。

施测的 20 个班大抵分两类：普通班和预科班。其中 1001—1008、1016、1017 和 1020 为普通班，其余均为预科班。在教学实践中，对这两类群体的教学内容、教学强度、教学时长和教学管理等方面均有所不同，这些条件可能也会造成他们对量表测试语法点的掌握情况产生影响，因此，学生类别（普通、预科）也作为群体诊断分析的一个因素。

表3　学生分布

		学生类别		合计
		普通	预科	
性别	男	115	109	224
	女	90	87	117
合计		205	196	401

　　学生群体的分布见表3。研究使用 SPSS20 对量表总分进行单变量多因素方差分析，发现"性别"和"学生类别"两个因素对总分的主效应显著，两个因素的交互效应不显著（$F=0.438$，$P=0.51$）。这说明这两个因素显著影响了群体对量表测量语法点的掌握情况。其中，男性和女性的平均分分别为16.74、18.06，女性得分在 0.01 水平下显著高于男性；普通学生和预科学生的平均分分别为 18.09、16.53，普通学生得分在 0.01 水平下显著高于预科学生。因此，从总体上来说，女性对这些语法点的学习效果高于男性。另外，虽然预科班的教学内容比普通班多，强度比普通班大，但是预科班学生的学习效果反而不如普通班。由此可以推论，对预科班的教学强度过大，不利于其第二语言的学习，在教学实践中，教学的实施应该参考普通班学生的教学实施情况，或者进行其他方面的改进。

　　为了进一步了解不同群体对每个语法点的学习效果，本研究逐题对不同群体进行比较。结果表明，在第 3 题和第 40 题上，普通学生和预科学生的掌握情况没有显著差别，P 值分别为 0.217 和 0.51，也就是说，两个群体对"二"和"两"的辨析、"现在时动词做谓语的否定陈述句的语序"这两个语法点的学习情况相似，但是在其他题上的表现，普通学生都优于预科学生。因此，在以后的教学实践中，我们应该加强相应语法点的讲解和练习。对女性和男性两个群体而言，他们在第 1、10、33、38 这四个题上的表现没有显著差别，P 值分别为 0.09、0.06、0.163、0.91，这说明两个群体对"在形容词做谓语的正反问句中的用法"、"给"和"跟"的辨析、介词"在"的语法位置和双宾语句语序这四个语法点学习效果差不多，但是女性在其他语法点的掌握情况优于男性，因此，我们应该给男性群体增加相应语法点的教学投入。

参考文献

[1]   American Psychological Association. (1954). Technical recommendations for psychological tests and diagnostic techniques. *Psychological Bulletin*, 51.

[2]   Bachman, L. F. (1990). *Fundamental Considerations in Language Testing.* Oxford University Press.

[3]   Berk, R. A. (1980). Item Analysis. In R. A. Berk (Ed.), *Criterion-referenced Measurement*: *The State of the Art* (pp. 49-79). Baltimore: Johns Hopkins University Press.

[4]   Birnbaum, A. (1957). Efficient design and use of tests of a mental ability for various decision-making problems. *USAF School of Aviation Medicine*, Randolph Air Force Base, Texas.

[5]   Douglas, J., Kim, H.-R., Roussous, L., Stout, W. F., & Zhang, J. (1999). LSAT dimensionality analysis for December 1991, June 1992, and October 1992 administrations [Law School Admission Council Statistical Report 95-05]. Retrieved from https://www.lsac.org/

[6]   Ellis, R. (1994). *The Study of Second Language Acquisition*. Oxford University Press.

[7]   Embretson, S. E., & Reise, S. P. (2000). Item response theory for psychologists. *Applied Psychological Measurement*, 24(1), 50-64.

[8]   Gronlund, N. E. (1988). *How to Construct Achievement Tests*. Englewood Cliffs, NJ: Prentice Hall.

[9]   Hambleton, R., & Swaminathan, H. (1984). *Item Response Theory: Principles and Applications*. Hingham: Kluwer.

[10] Hambleton, R. K., Swaminathan, H., & Rogers, H. J. (1991). *Fundamentals of Item*

Response Theory. Newbury Park, CA: Sage Publications.

[11] Han, K. T., & Hambleton, R. K. (2007). Windows Software that Generates IRT Model Parameters and Item Responses: WinGen3. Retrieved from http://www.umass.edu

[12] Hemker, B. T., Sijtsma, K., & Molenaar, I. W. (1995). Selection of unidimensional scales from a multidimensional item bank in the polytomous Mokken IRT model. *Applied Psychological Measurement*, 19(4), 337-352.

[13] Hymes, D. (1972). *On Communicative Competence*. Hammondsport: Penguin.

[14] James, D. B., & Thom, H. (2002). *Criterion Referenced Language Testing*. Cambridge University Press.

[15] Jansen, P. W. G. (1982). Measuring homogeneity by means of Loevinger's coefficient H: A critical discussion. *Psychologische Beitrage*, 24, 96-105.

[16] Junker, B. W., & Sijtsma, K. (2000). Latent and Manifest Monotonicity. *Applied Psychological Measurement*.24(1),65-81.

[17] Junker, B. W., & Sijtsma, K. (2001). Nonparametric item response theory in action: An overview of the special issue. *Applied Psychological Measurement*, 25(3), 211-220.

[18] Loevinger, J. (1947). A systematic approach to the construction and evaluation of tests of ability. *Psychological Monographs*, 61(4), 1-48.

[19] Lord, F. (1952). A theory of test scores. Psychometric Monographs, 7.

[20] Meijer, R. R., Sijtsma, K., & Smid, N. G. (1990). Theoretical and empirical comparison of the Mokken and the Rasch approach to IRT. *Applied Psychological Measurement*, 14, 283-298.

[21] Meijer, R. R., & Sijtsma, K. (2001). Methodology review: Evaluating person fit. *Applied Psychological Measurement*, 25(2), 107-135.

[22] Messick, S. (1995). Validity of psychological assessment. *American Psychologist*, 50(9), 741-749.

[23] Mokken, R. J. (1971). *A theory and procedure of scale analysis*. The Hague: Mouton/

Berlin: De Gruyter.

[24] Mokken, R. J., Lewis, C., & Sijtsma, K. (1986). Rejoinder to "The Mokken Scale: A critical discussion". *Applied Psychological Measurement*, 10, 279-285.

[25] Molenaar, I. W., Sijtsma, K., & Boer, P. (2000). MSP5 for Windows: A Program for Mokken Scale Analysis for Polytomous Items - Version 5.0. The Netherlands: Iec Progamma, Groningen.

[26] Molenaar, I. W., Sijtsma, K. (2000). User's Manual MSP5 for Windows, IEC ProGAMMA, Groningen, The Netherlands.

[27] Munby, J. (1978). *Communicative Syllabus Design*. Cambridge University Press.

[28] Ramsay, J. O. (1991). Kernel smoothing approaches to nonparametric item characteristic curve estimation. *Psychometrika*, 56(4), 611-630.

[29] Ramsay, J. O. (2000). *Test Graf*: A Program for the Graphical Analysis of Multiple Choice Test and Questionnaire Data. Retrieved from http://www.psych.mcgill.ca/faculty/ramsay/TestGraf.html

[30] Ramsay, J. O. (2000). *Test Graf*:. McGill University.

[31] Reckase, M. D. (1985). The difficulty of items that measure more than one latent ability. *Applied Psychological Measurement*, 9(4), 401-402.

[32] Reckase, M. D. (1997). A linear logistic multidimensional model for dichotomous item response data. In W. J. van der Linden & R. K. Hambleton (Eds.), *Handbook of Modern Item Response Theory* (pp. 123-137). New York: Springer-Verlag.

[33] Roskam, E. E., Van den Wollenberg, A. L., & Jansen, P. G. W. (1986). The Mokken scale: A critical discussion. *Applied Psychological Measurement*, 10, 265-277.

[34] Scheirs, J. G. M., & Sijtsma, K. (2001). The study of crying: Some methodological considerations and a comparison of methods for analyzing questionnaires. In A. J. J. M. Vingerhoets & R. R. Cornelius (Eds.), *Adult Crying*: A Biopsychosocial Approach (pp. 123-137). Hove, England: Brunner-Routledge.

[35] Segall, D. O. (2000). General ability measurement: An application of multidimensional item response theory. *Psychometrika*, 65(2), 153-174.

[36] Sijtsma, K., Emons, W. H. M., Bouwmeester, S., & Ivan Nyklíček. (2008). Nonparametric IRT analysis of Quality-of-life Scales and its application to the World Health Organization Quality-of-Life Scale (WHOOL-Bref). *Quality of Life Research*, 17, 275-290.

[37] Sijtsma, K., & Molenaar, I. W. (2002). *Introduction to Nonparametric Item Response Theory*. Thousand Oaks, CA: Sage.

[38] Sijtsma, K., & Verweij, A. C. (1992). Mokken scale analysis: Theoretical considerations and an application to transitivity tasks. *Applied Measurement in Education*, 5, 355-373.

[39] Stout, W. F. (1987). A nonparametric approach for assessing latent trait unidimensionality. *Psychometrika*, 52(4), 589-617.

[40] Underhill, N. (1987). *Testing Spoken English: A Handbook of Oral Testing Techniques*. Cambridge University Press.

[41] Van der Ark, L. A. (2010). Getting Started with Mokken Scale Analysis in R. R package vignette. Retrieved from http://CRAN.R-project.org/package=mokken

[42] Wray, A., Trott, K., & others. (2001). *Projects in Linguistics: A Practical Guide to Researching Language*. Beijing: Foreign Language Teaching and Research Press.

[43] 北京语言大学汉语进修学院（2013）.《专业汉语（文科类）课程教学大纲》（未出版）.

[44] 陈宏（1997）.结构效度与汉语能力测验.《世界汉语教学》, 3.

[45] 国家对外汉语教学领导小组办公室（2002）.《高等学校外国留学生汉语教学大纲》（长期进修）.北京语言文化大学出版社.

[46] 郭树军（1995）.汉语水平考试（HSK）项目内部结构效度检验.《汉语水平考试研究论文选》, 现代出版社.

[47] 蒋以亮 (2010).《科普汉语听记》.北京语言大学出版社.

[48] 克罗克、阿尔吉纳（1986）.经典和现代测验理论导论.汤姆森学习出版社.

[49] 李慧、朱军梅（2004）.汉语水平考试J324卷构想效度的验证研究.《考试研究文集（第

2 辑)》, 经济科学出版社 .

[50] 邱军(2008).《成功之路》. 北京语言大学出版社 .

[51] 许希阳(2005). 汉语口语测试研究 .《云南师范大学学报》(对外汉语教学与研究版),
3(5): 39–45.

[52] 许希阳(2008). 对外汉语口语成绩测试新模式之探索 .《语言教学与研究》, 2008(4),
76–82.

[53] 王雪梅(2006). EFL 学习者语言能力、语用能力性别差异研究及其教学启示 .《外国
语言文学》, 1, 29–33.

[54] 张凯(1992). 汉语水平考试结构效度初探 .《首届汉语考试国际学术讨论会论文选》
编委会 .《首届汉语考试国际学术讨论会论文选》. 北京语言学院出版社 .

[55] 张凯(2002)《标准参照测验理论研究》. 北京语言文化大学出版社 .

[56] 张军(2010). 非参数项目反应理论在维度分析中的运用与评价 .《心理学探新》, 3,
81–84.

[57] 张军(2013). 课程测验项目分析方法,《考试研究》, 4, 68–75.

[58] 张军(2014). 非参数项目反应理论在小规模测验中的运用,《考试研究》, 1, 56–61.

[59] 张军(2015). 单维参数型与非参数型项目反应理论项目参数的比较研究 .《心理学探
新》, 35(3), 279–283.

[60] 朱正才、范开泰(2001). 语言听力理解能力的认知结构与测试 .《语言教学与研究》,
2001(3), 41–46.

[61] 中国国家留学基金管理委员会(2009). "中国教育部关于对中国政府奖学金本科来华
留学生开展预科教育的通知". Retrieved from http://www.csc.edu.cn.